Quiero Tocar el ACORDEÓN

por Victor M. Barba

www.melbay.com/22164BCDEB Online Audio

Nivel 1

Foto de la portada se utiliza con el permiso de Acordeones Gabbanelli y Imports, LLC, de Houston, Texas. Todos los derechos reservados.

Contenido del Audio

1 Estudio para Acordeón No. 1
2 Estudio para Acordeón No. 2
3 Estudio para Acordeón No. 3
4 Estudio para Acordeón No. 4
5 Estudio para Acordeón No. 5
6 Estudio para Acordeón No. 6
7 Estudio para Acordeón No. 7
8 Estudio para Acordeón No. 8
9 Estudio para Acordeón No. 9
10 Estudio para Acordeón No. 10
11 Estudio para Acordeón No. 11
12 Estudio para Acordeón No. 12
13 Estudio para Acordeón No. 13
14 Estudio para Acordeón No. 14
15 Estudio para Acordeón No. 15
16 Estudio para Acordeón No. 16
17 Estudio para Acordeón No. 17
18 Estudio para Acordeón No. 18
19 Estudio para Acordeón No. 19
20 Estudio para Acordeón No. 20
21 Escala de Do Mayor
22 Escala de Sol Mayor
23 Escala de Fa Mayor
24 Escala de Do Mayor
25 Escala de Do Mayor Doble
26 Notas
27 Simplemente
28 El Primer Dia Que Te Vi
29 Sin Tus Ojos
30 Tres Dias Sin Ti
31 Eres El Sol
32 Reencuentro
33 Sueños De Fama
34 Respirando Amor
35 Repitelo Otra Vez
36 Un Amigo Nada Mas
37 Botones Que Suenan Igual
38 Marcha Naval
39 Una Triste Canción
40 Di Que Si
41 La Brisa De Verano
42 Dos Arpegios
43 Ritmito De Cumbia
44 Ritmo Grupero
45 Mi Pareja Ideal
46 Mi Ranchito
47 Mil Espejos
48 Mi Malagueña
49 Detras De La Cerca
50 El Final
51 El Sexto Dia
52 Al Final Del Camino
53 Himno A La Alegria
54 La Cucaracha
55 Norteña ♩ = 102
56 Corridita ♩ = 152
57 Cumbia ♩ = 82
58 Norteña ♩ = 158
59 Norteña ♩ = 89
60 Grupera ♩ = 85
61 Norteña ♩ = 90
62 Grupera ♩ = 96
63 Cumbia ♩ = 80
64 Norteña ♩ = 91
65 Norteña ♩ = 83
66 Norteña ♩ = 92
67 Norteña ♩ = 102
68 Norteñita ♩ = 100
69 Ranchera ♩ = 152
70 Norteñita ♩ = 132
71 Norteña ♩ = 130
72 Grupera ♩ = 118
73 Grupera ♩ = 84
74 Cumbia ♩ = 128
75 Cumbia Colombiana ♩ = 136
76 Merengue ♩ = 84
77 Cumbianchera ♩ = 89
78 Norteñita ♩ = 136
79 Cumbia ♩ = 86
80 Corrido ♩ = 96
81 Norteñita ♩ = 180
82 Norteñita ♩ = 105
83 Ranchera ♩ = 120
84 Rancherita ♩ = 128
85 Cumbia ♩ = 91
86 Norteñita ♩ = 154
87 Grupera ♩ = 82

WWW.MELBAY.COM

Teoria Basica

El Pentagrama.

El **Pentagrama** es la base para escribir la música. Toda la música se escribe sobre un **Pentagrama**. El **Pentagrama** tiene 5 líneas y 4 espacios. La primer línea es la de abajo y la quinta línea es la de arriba.
Las notas se pueden escribir en las líneas o en los espacios. Los nombres de las notas se toman de acuerdo al lugar en dónde se colocan en el **Pentagrama**.

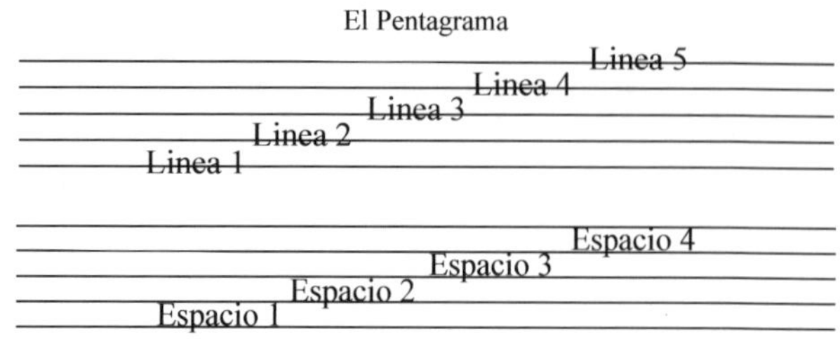

La Clave De Sol y La Clave de FA.

La clave de SOL se usa para identificar las notas en el pentagrama. **La clave de SOL** es un símbolo que usan los instrumentos cómo la guitarra, la trompeta, la flauta, el acordeon, el violin y muchos más que usan notas agudas, o notas altas.
El piano usa dos claves, la de Sol y la de Fa. Normalmente **la clave de SOL** es para la mano derecha, y **la clave de FA** es para la mano izquierda. **La Clave de FA** se usa para el bajo, el cello, el contrabajo y el trombon.

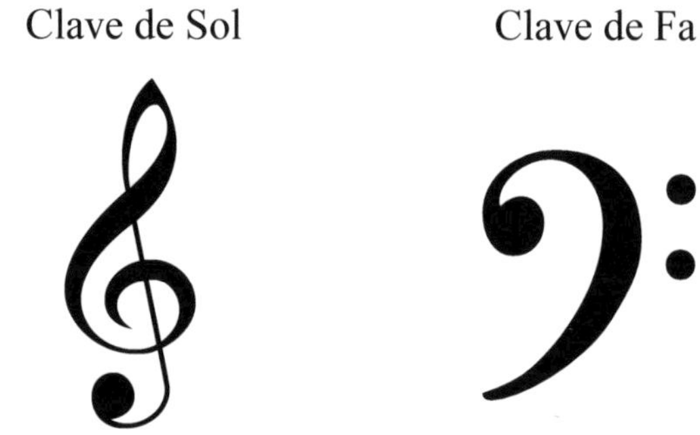

El Compás.

La música se divide por **compáces**. Un **compás** es la distancia que hay entre dos barras de **compás**.
Al final de cada canción o pieza musical, se escribe una doble barra de **compás**. Un **compás** de 4/4 tiene cuatro notas de un tiempo, u ocho notas de medio tiempo. Un **compás** de 3/4 tiene solo tres notas de un tiempo o seis notas de medio tiempo.

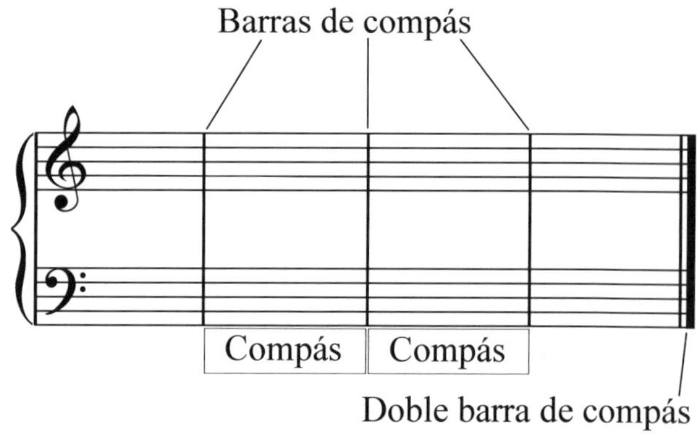

La Barra de Compás.

Las Barras de compás son las líneas verticales que atraviezan el pentagrama, desde la primera línea hasta la quinta línea. Hay varios tipos de **barra de compás**, normal, doble, punteada etc. Las más comúnes son: La normal y la **doble barra de compás**.

La Clave Del Tiempo.

Depende del estilo de música que vayas a tocar, se usa diferente **clave del tiempo**. Para una ranchera o un valz, se usa 3/4, para un corrido por ejemplo, se usa el 2/4. La mayoria de baladas o rock son en 4/4, también está el tiempo de 6/8 o 3/8.
Algúnas personas le llaman compás de 4/4 o compás de 6/8. El número de arriba te dice cuantas notas debes de tocar en el compás, y el número de abajo te indica que tipo de notas debes de usar.

La clave del tiempo

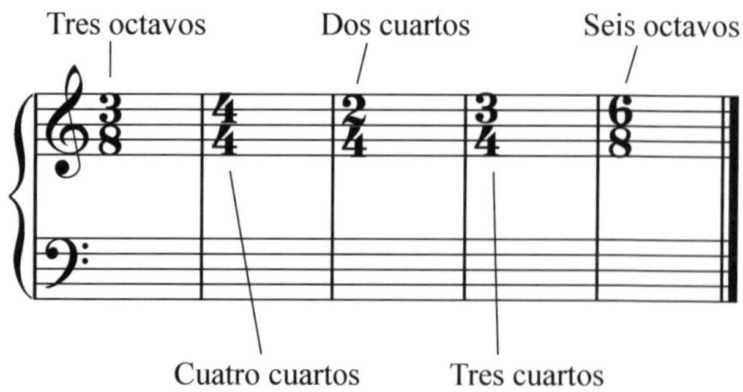

Las Notas.

Para leer y escribir música ocupas las notas. Hay varios tipos de notas con diferente valor cada una.
Las más comunes son: **La Redonda**, que dura 4 tiempos. **La Blanca**, que dura 2 tiempos. **La Negra**, ésta nota dura 1 tiempo y **La Corchea**, que dura un octavo. o la mitad de un tiempo.

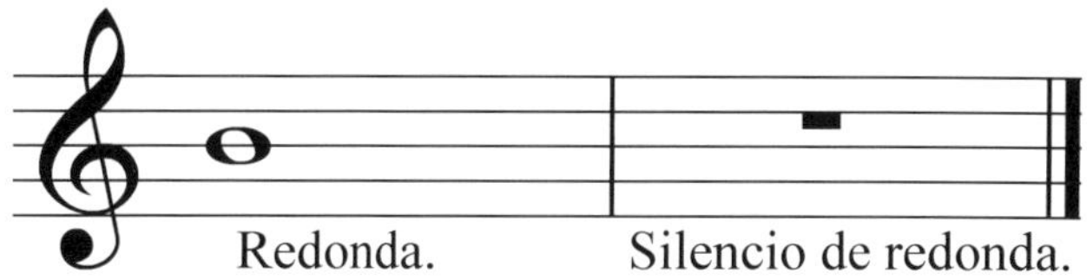

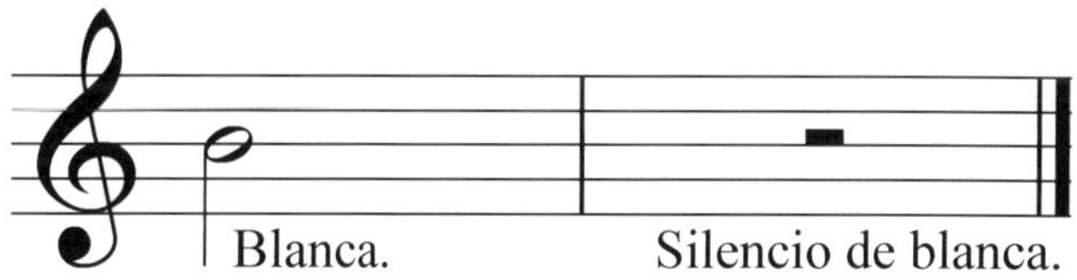

Los Silencios.

El silencio es también es muy importante en la música. Por cada una de las notas musicales hay un sílencio que le corresponde. Fíjate en el dibujo de la derecha y compara las notas con sus respectivos sílencios.

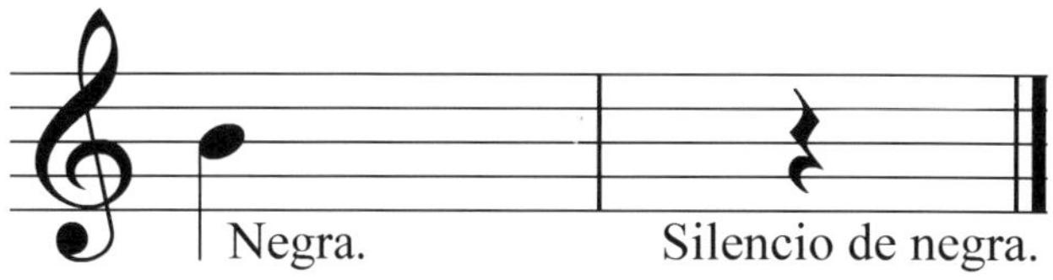

Los Nombres De Las Notas.

Hay 7 notas musicales: Do - Re - Mi - Fa - Sol - La - Si.
Despues de la nota de Si, se vuelve a repetir todas las notas otra vez y otra vez: Do - Re - Mi - Fa - Sol - La - Si - Do - Re - Mi - Fa - Sol - La - Si - Do - Re - Mi etc.
En el idioma ingles, en lugar de nombres usan letras:
C - D - E - F - G - A - B.

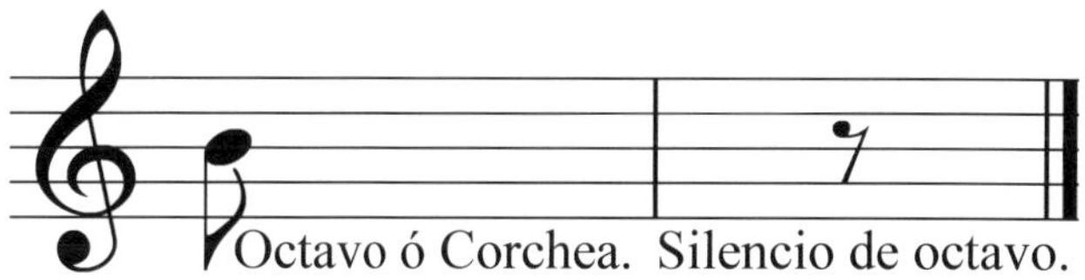

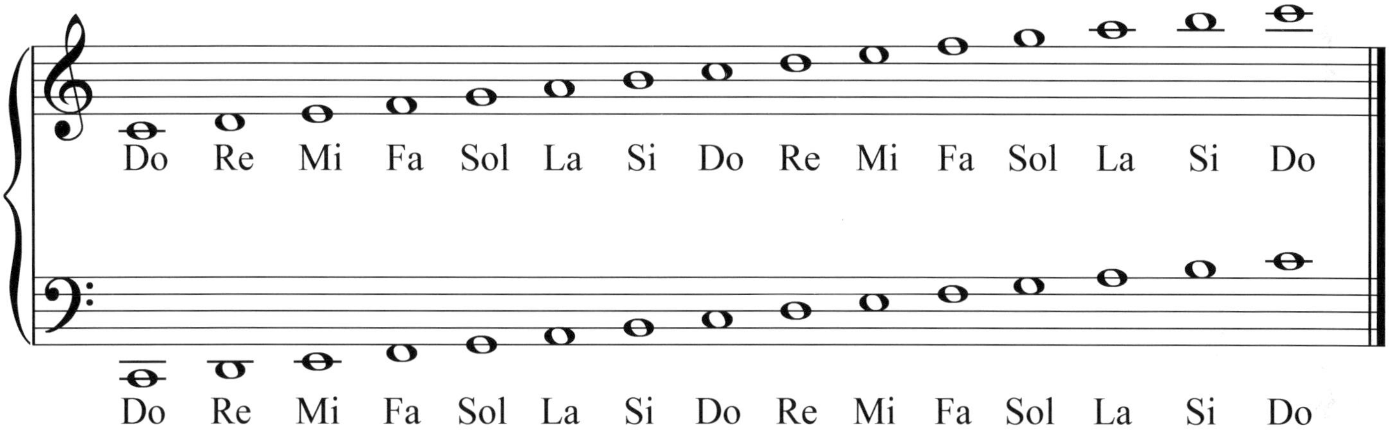

Símbolos Musicales.

Hay muchos símbolos en la música, estos son solo algúnos de ellos, se les llaman alteraciónes:
El sostenido (♯) que sube el sonido de la nota medio tono, **el bemol** (♭) que baja el sonido de la nota medio tono y **el Becuadro** (♮) que cancela el sostenido y el bemol.
También está **el Calderón** (𝄐) que detiene el tiempo para alargar la duración de las notas, normalmente al doble de su valor original.

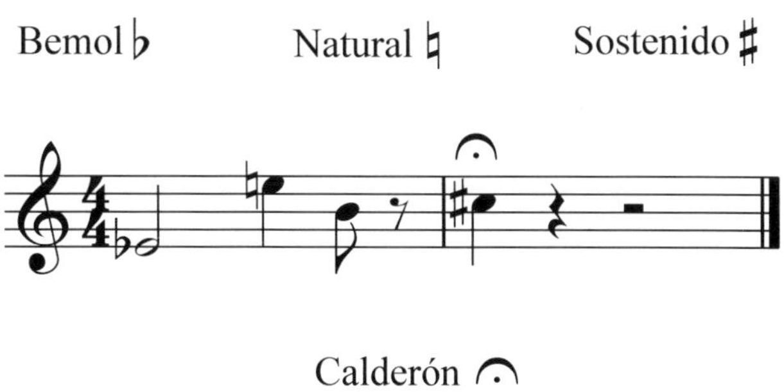

Símbolos De Repetición.

Estos son algunos símbolos que se usan para repetir un trozo de música, o una canción completa.

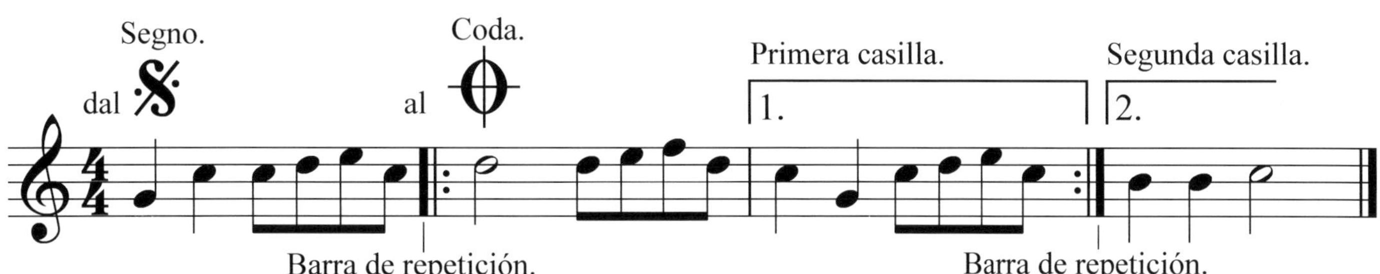

En el acordeón.

Usa la postura correcta.

Normalmente el acordeón se toca de pie. Sobretodo en la música norteña. Cuando practicas lo puedes tocar sentado para que no te canses tanto.
Éste libro se basa el acordeón en SOL.

El acordeón se toca con la mano derecha.

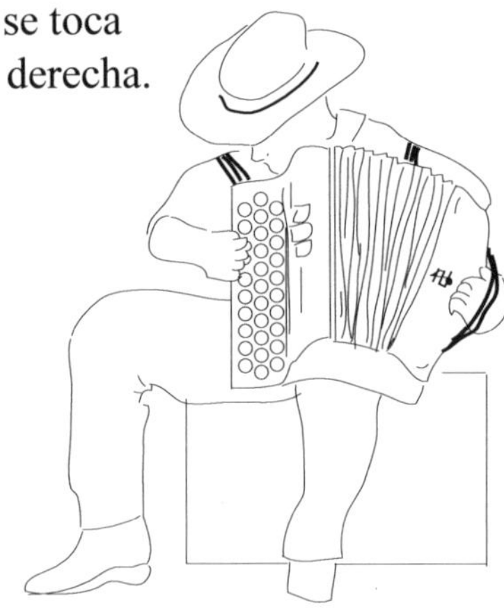

Con la mano izquierda se jala o empuja el abanico.

Tiene tres hileras de botones.

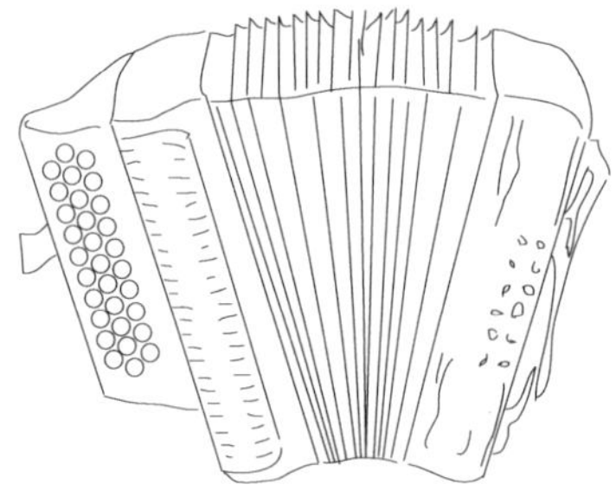

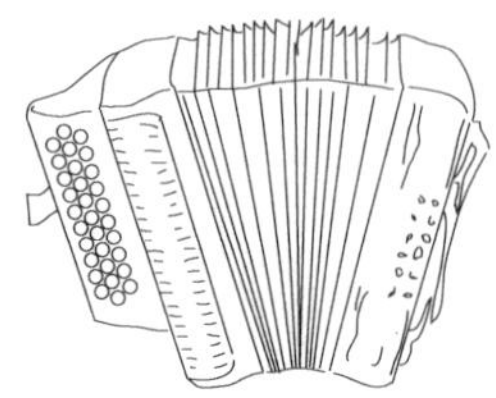

Abierto; el aire para afuera.

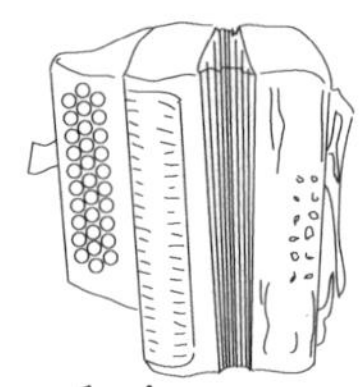

Cerrado; el aire para adentro.

Las manos.

La mano izquierda te sirve para jalar el abanico y con eso haces el aire que se ocupa para tocar las notas.
Con la mano derecha normalmente se usan solo tres dedos, el pulgar se usa de vez en cuando, y el meñique casi nunca.

Mano izquierda.
Sirve para jalar el abanico.

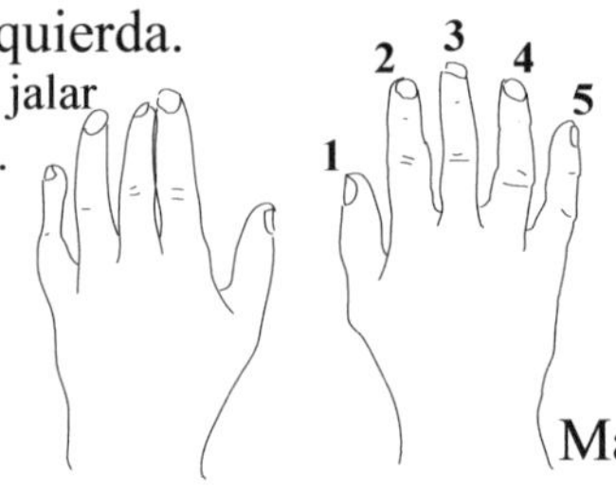

Mano derecha.

Los botones del acordeón.

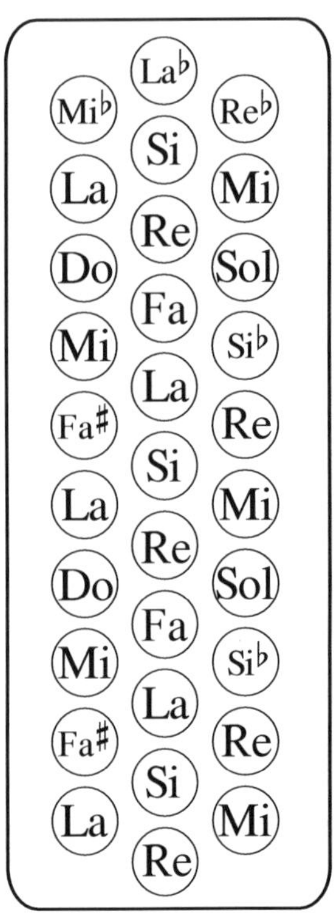

El acordeón tiene tres hileras de botones, cuando jalas el abanico, estás sacando aire y cada boton hace un sonido. Aqui están los nombres de las notas con el aire para **AFUERA**.

Hay varios acordeónes en diferentes tonos, pero para que éste líbro sea más fácil de aprender, todo lo voy a basar en el **TONO DE SOL**, o sea en el acordeon de botones del tono de Sol.

La hilera que esta mas cercana a tu mano derecha es la número uno, la de en medio, es la número dos, y la que esta cerca del abanico es la número tres. Éstas son las notas del acordeón con el aire para **ADENTRO**.

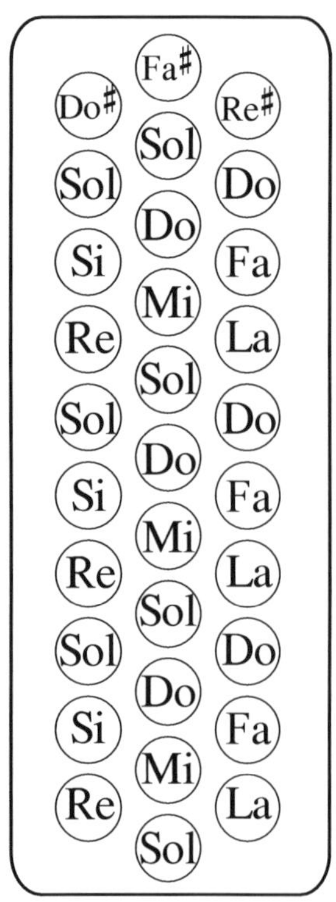

Notas en el acordeón.

AFUERA

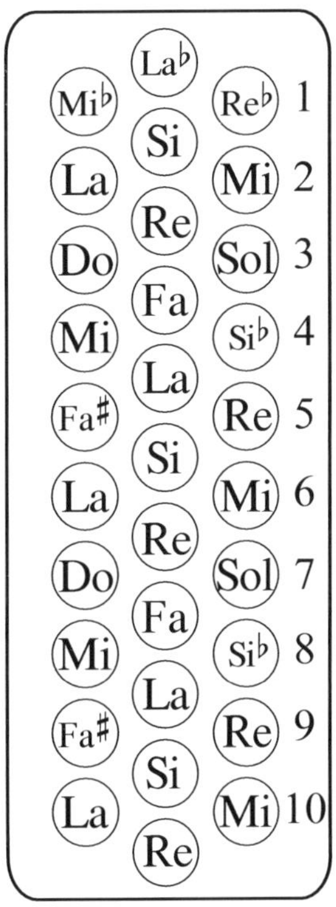

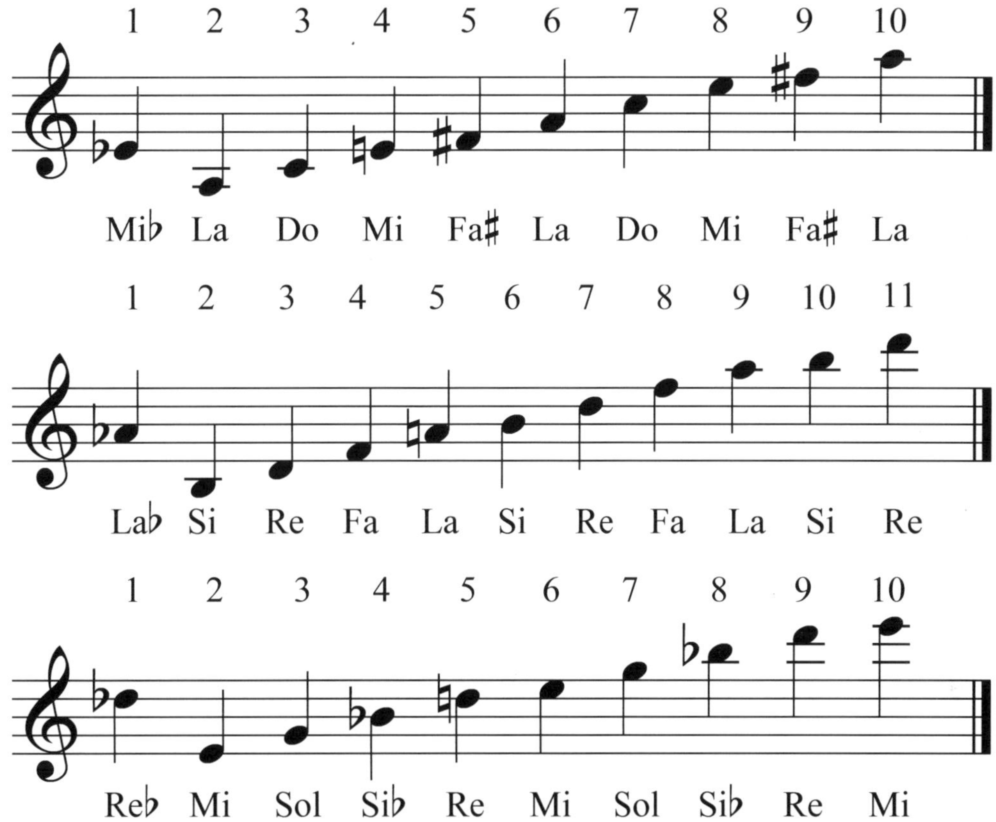

ADENTRO

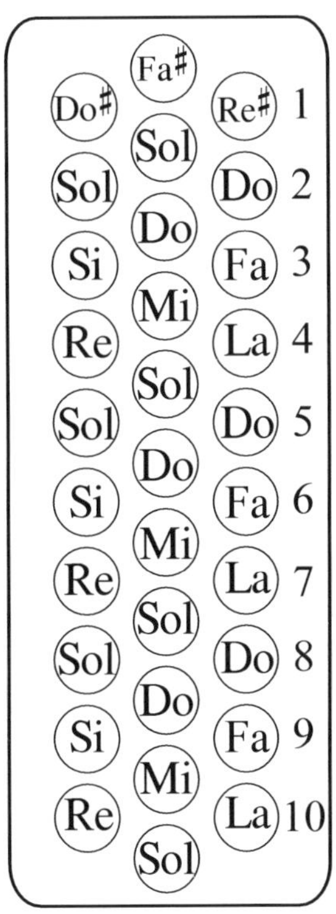

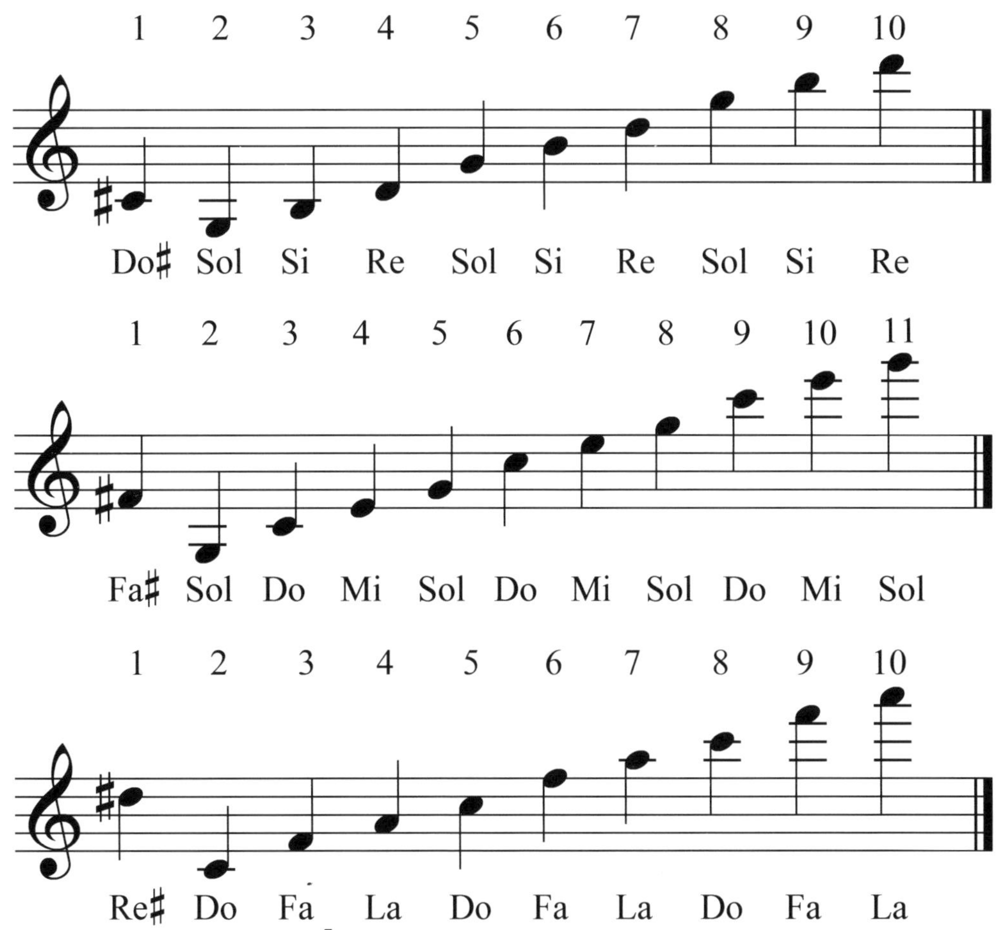

Analiza el acordeón.

Para ADENTRO.

Con el aire para adentro, imaginate que los primeros botones de cada linea no existen. Ahora fíjate en las notas de la primera hilera, el segundo boton es Sol, el tercer boton es Si y el cuarto boton es Re. Con esas tres notas; Sol-Si-Re, formas el acorde de Sol Mayor. Ahora fíjate en toda la hilerita y verás que son las mismas tres notas, Sol-Si-Re-Sol-Si-Re-Sol-Si-Re.

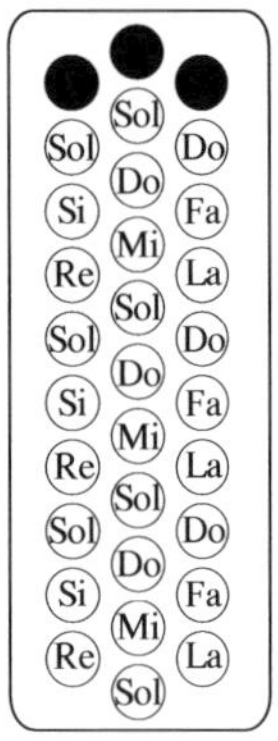

Éste es el acorde de Sol Mayor, puedes tocar las notas de una por una, o las tres notas al mismo tiempo. Cualquier boton que toques de la primera hilera, es del acorde de Sol.

Acorde de Sol Mayor

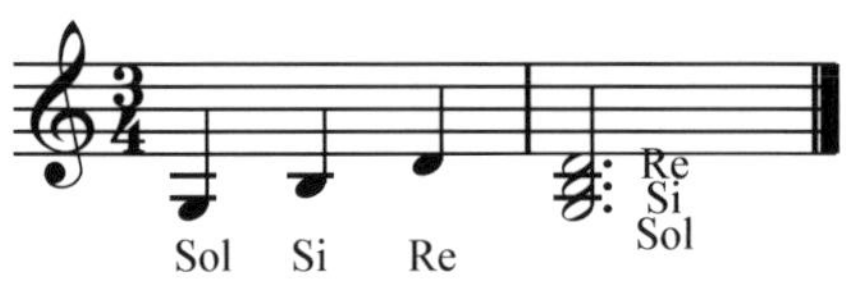

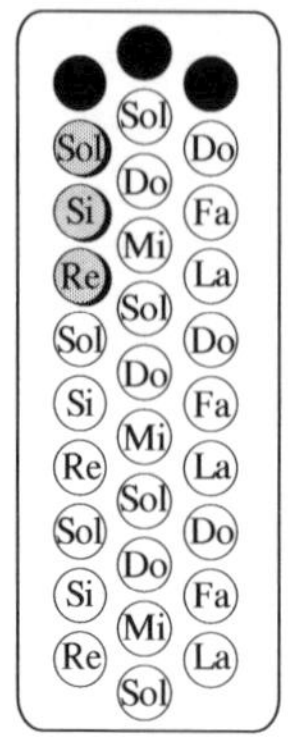

Las notas del acorde de Do las encuentras en la hilera de en medio, siempre con el aire para adentro. Las notas son; Do-Mi-Sol.

Acorde de Do Mayor.

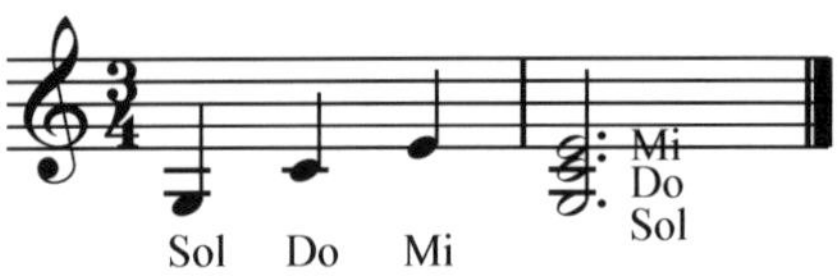

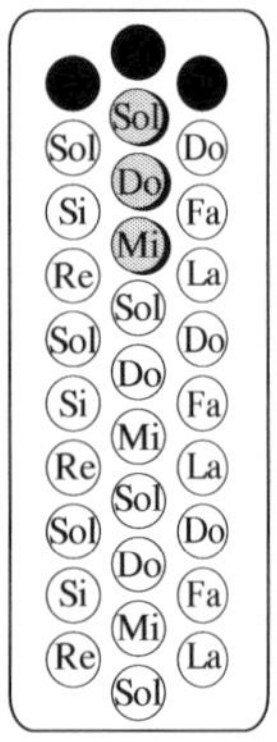

Por último aquí están las notas del acorde de Fa Mayor; Fa-La-Do. En la trecera hilera las puedes tocar.

Acorde de Fa Mayor.

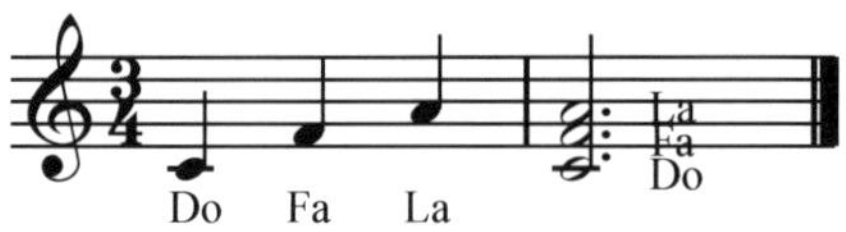

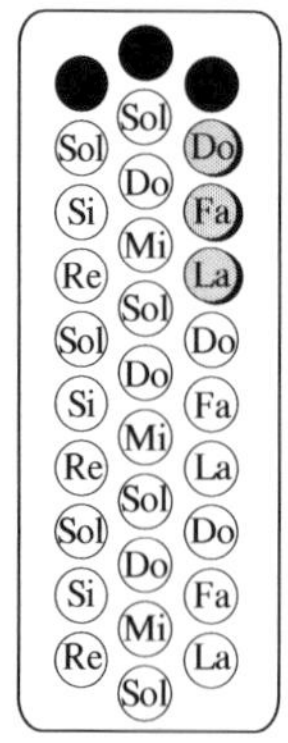

Para AFUERA.

Para afuera no está tan fácil como para adentro, las notas están en un orden diferente.
No veas los primeros botones, y tampoco veas la segunda mitad.
Ahora fíjate solo en los primeros cuatro botones de las tres hileras.
Primera hilera; La-Do-Mi-Fa♯.
Segunda hilera; Si-Re-Fa-La.
Tercera hilera; Mi-Sol-Si♭-Re.

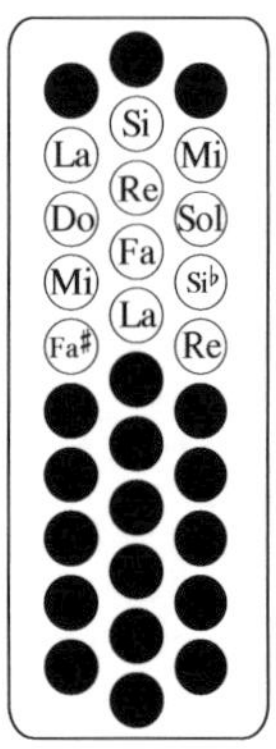

Ahora fíjate en los siguientes cuatro botones, o sea la otra mitad de los botones ¿Te fijas que son las mismas notas?, de ésta forma es muy fácil aprenderte las notas en el acordeón. Si sigues el orden, los ultimos botoncitos son; La, en la primera hilera, Si y Re en la segunda y Mi en la tercera.

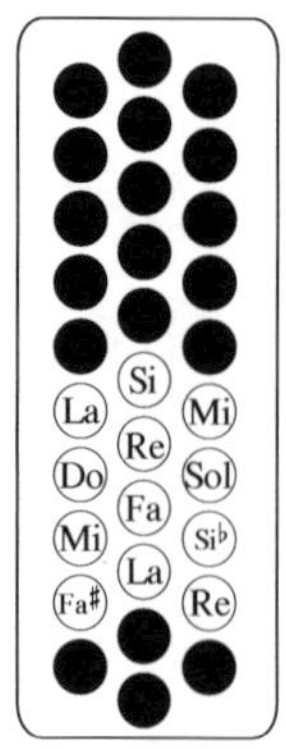

Al empezar a tocar los estudios vas a ir entendiendole mejor, pero siempre es bueno que analices las notas y el instrumento que quieres aprender a tocar. El aprendizaje de un instrumento está en la practica, pero el cerebro tiene que entender lo que estás haciendo. Si no le entiendes bien, repaza todo dos o tres veces hasta que le entiendas.

IMPORTANTE!

El acordeón es un instrumento diatonico, quiere decir que no puedes tocar en todos los tonos de la música. Por eso hay acordeónes en varios tonos.

Estudios para Acordeón.

Como tocar los estudios.

Siempre que vayas a tocar uno de éstos estudios, fijate en el dibujo de la derecha para que sepas cuales son los botones que debes apretar. Cada que toques una nota debes saber si es para adentro o para afuera, hay varias notas que se pueden tocar de las dos formas.
En los primeros estudios el aire va para adentro.

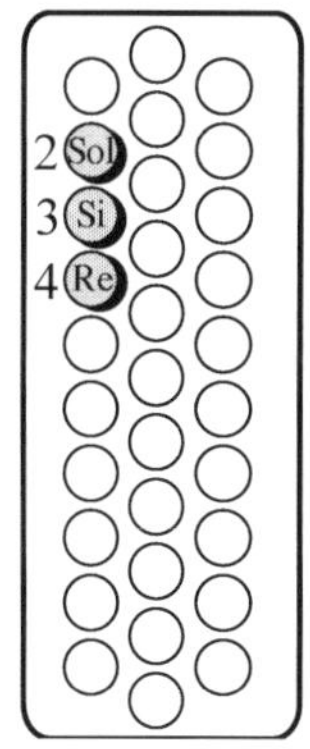

Estudio para Acordeón No. 1

Primera hilera.

Moderato ♩ = 80

Easy Music School

El aire va para ADENTRO.

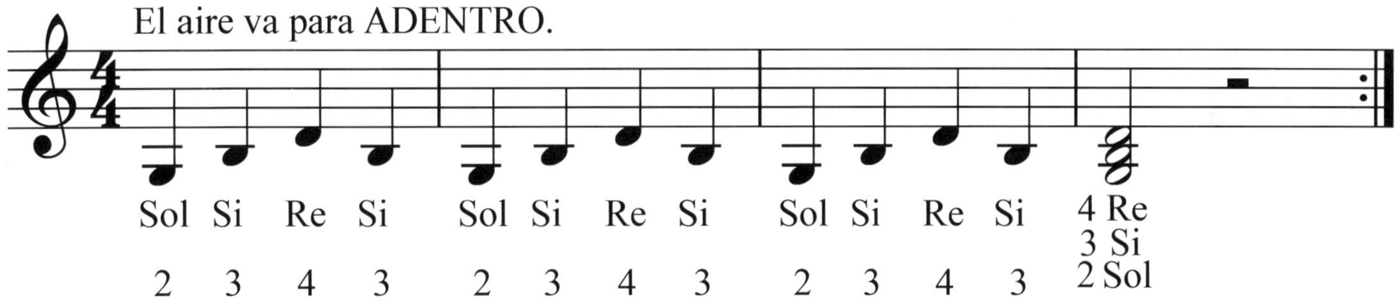

El acorde de Sol (G)

Las notas son las mismas, Sol-Si-Re, pero el ritmo es diferente, ahora son notas de octavos, va un poquito mas rapidito que el anterior, el chiste del acordeon es tocar muy rapido asi que vete acostumbrando.
Las notas están una octava más alta, los botones son el 5, 6, y 7. Compara éste estudio con el número uno, y analiza en donde se escribe cada una de las notas.

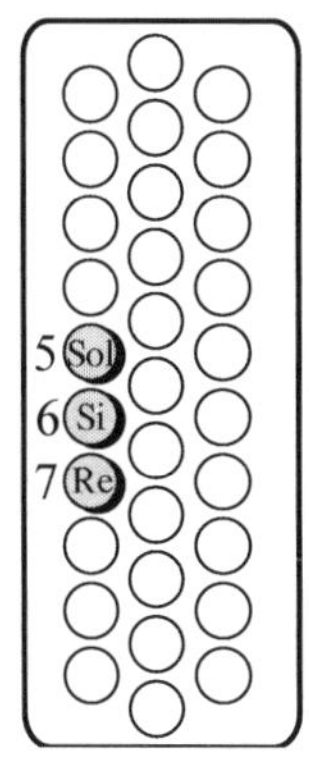

Estudio para Acordeón No. 2

Primera hilera.

Moderato ♩ = 80

Easy Music School

ADENTRO

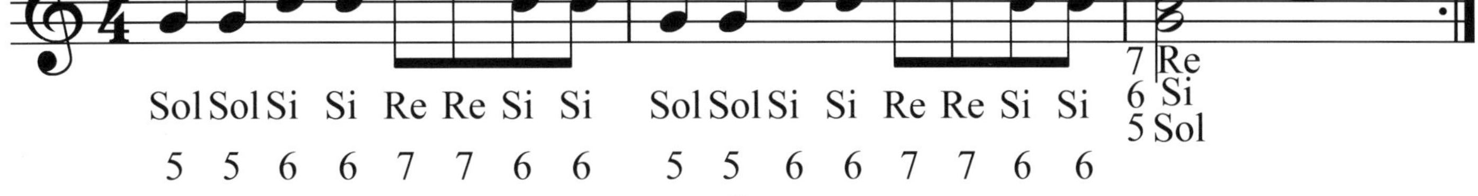

El acorde de Do (C)

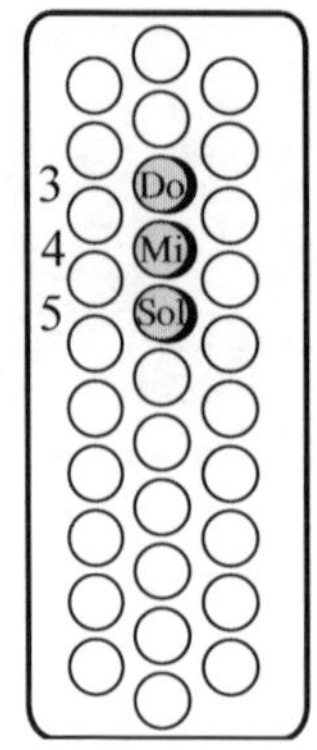

La primera hilera fue en el acorde de Sol, ahora la segunda hilera es en el acorde de Do Mayor.
El ritmo que uso en éste estudio es el ritmo de cumbia, muy fácil de tocar y te sirve para aprenderte el acorde de Do.
Las notas del acorde de Do son; Do-Mi-Sol.

Estudio para Acordeón No. 3

Segunda hilera.

Cumbia ♩ = 90

Easy Music School

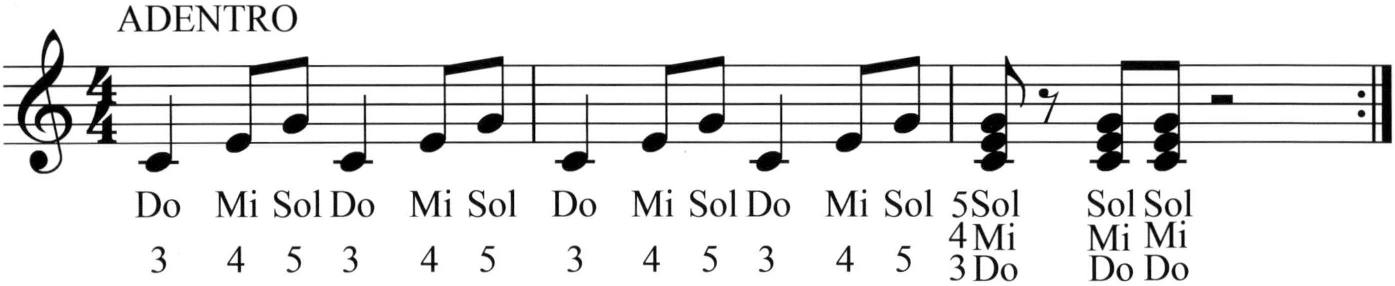

El acorde de Fa (F)

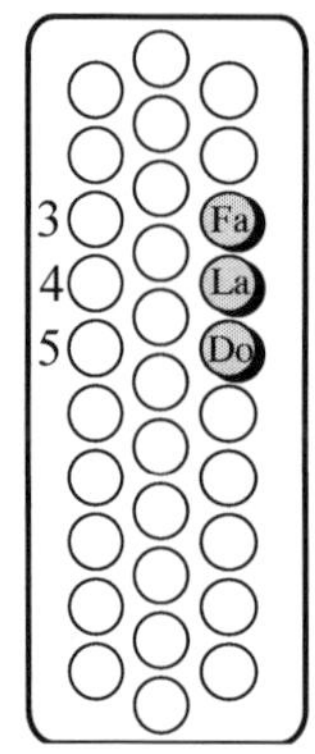

Ahora vas a ver el acorde de Fa en la tercera hilera. Las notas del acorde de Fa son; Fa-La-Do.
En éste estudio la mano va un poco mas adentro del acordeón, al tocar cada boton siente cual hilera estás tocando y poco a poco te iras acostumbrando a tocar sin ver los botones.

Estudio para Acordeón No. 4

Tercera hilera.

Allegro ♩ = 120

Easy Music School

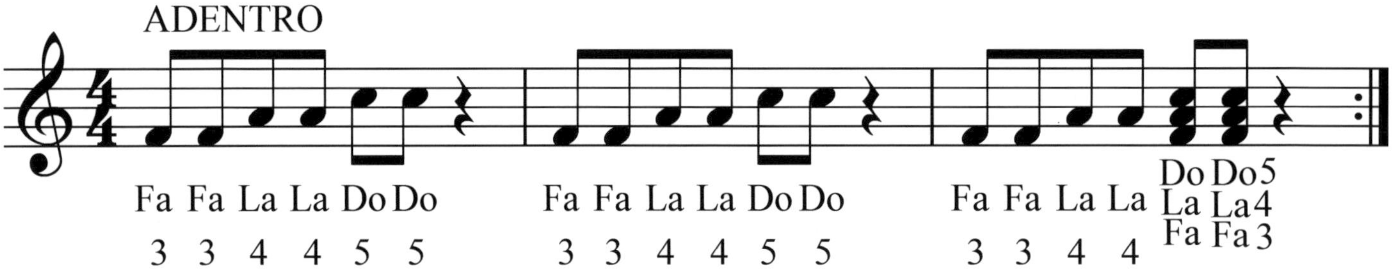

Primera, segunda y tercera.

El acorde de Do es el más común, cuando una canción empieza en el acorde de Do se le llama primera, porque es el primer acorde.
Cuando cambia de acorde, normalmente se va a Sol, y Sol es la segunda de Do.
Y si la canción tiene tres acordes, entonces la tercera de Do es el acorde de Fa.

En éste estudio vas a practicar todas las notas de la hilera de en medio, exepto el primer boton.
Fíjate en el patrón de éste estudio, es fácil de memorizar. Si lo puedes tocar a tiempo junto con el CD es mejor. Usa los dedos dos y tres, el índice y el medio.
La palabra *simile*, significa similar, quiere decir que los dedos los tocas iguales durante todo el estudio.

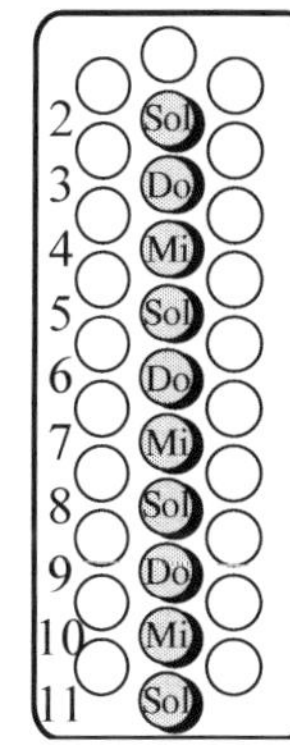

Estudio para Acordeón No. 5

Segunda hilera.

Allegro ♩ = 120

Easy Music School

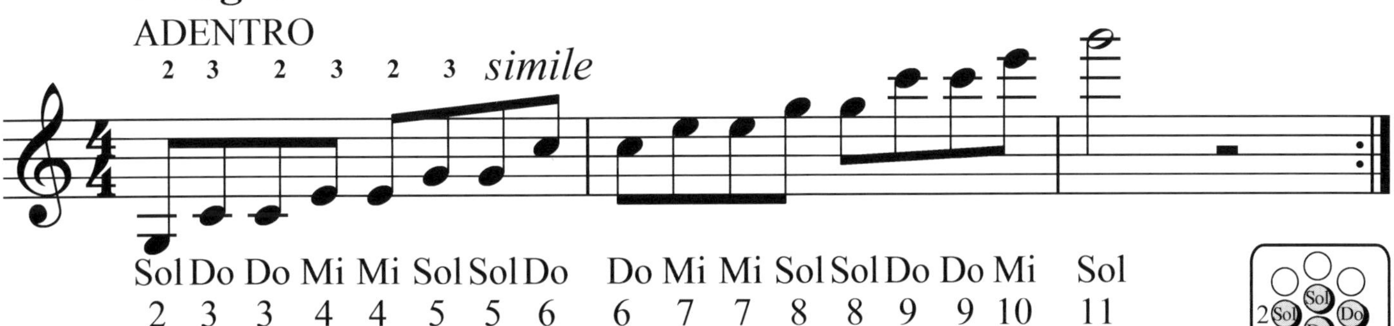

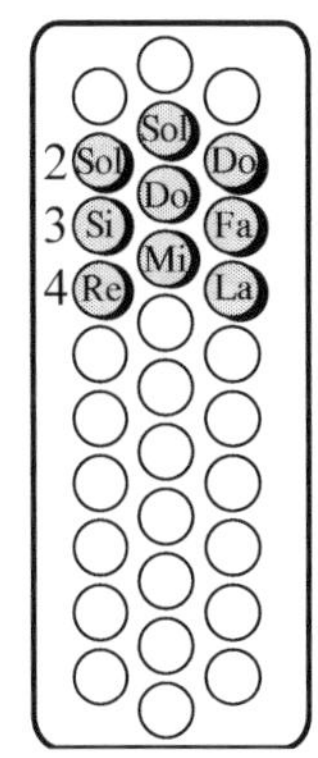

Aun cuando el estudio dice “Muy rapido” a la hora de tocarlo no es tan rapido. Hay dos compáces de silencio, ahí es cuando aprovechas para jalar el abanico y tomar aire, para que puedas hacer el estudio siempre para adentro.

Estudio para Acordeón No. 6

Muy rapido ♩ = 180

Easy Music School

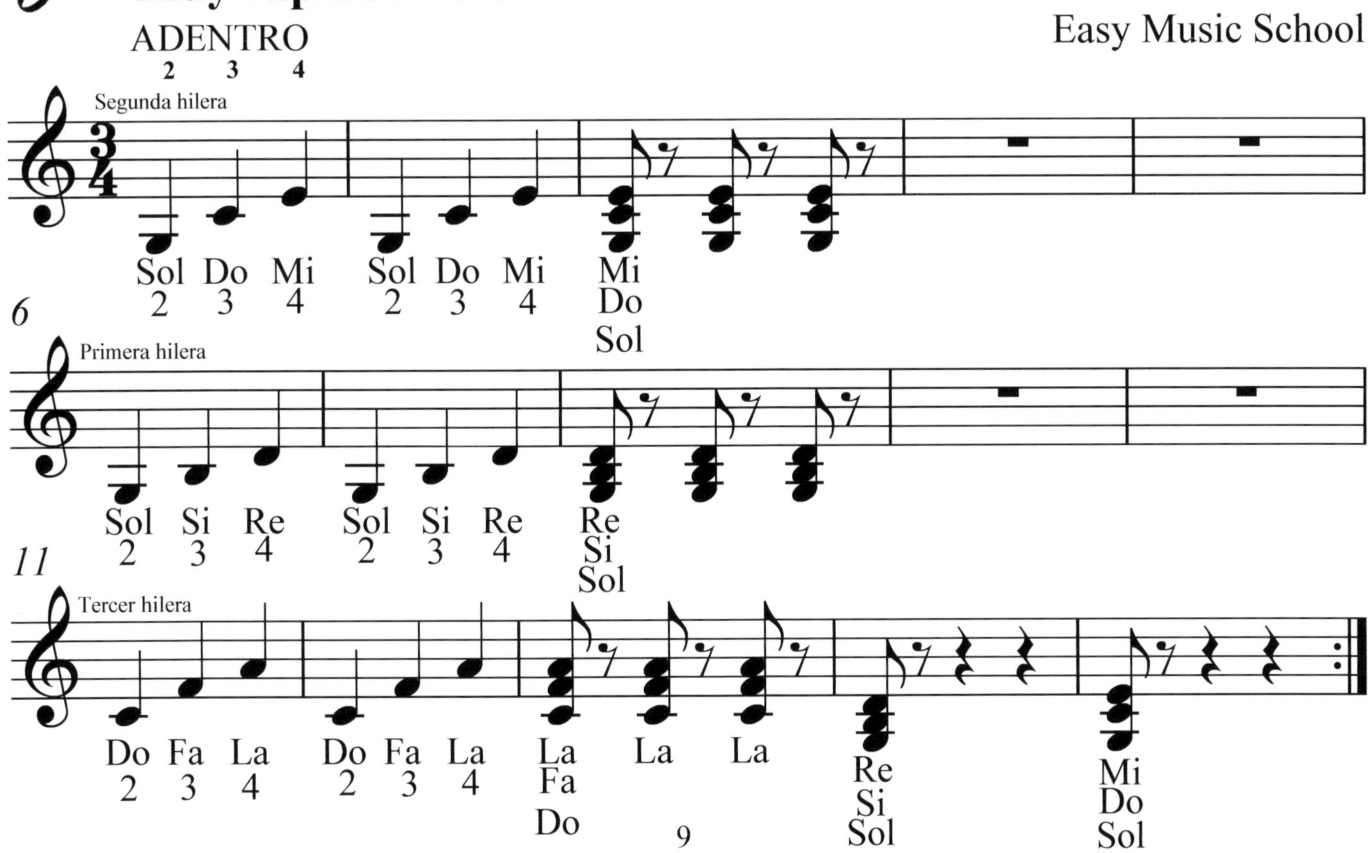

Vamos a analizar el estudio no. 7. Primero date cuenta que es para afuera, o sea, jalando el abanico.
Luego fíjate que tiene un boton en cada hilera; en la hilera uno está el boton 3 que es Do. En la hilera dos el boton 3 que es Re, y en la trecer hilera el boton 2 que es Mi.
Con la ayuda del CD es más fácil tocar éste estudio.
Aquí ya empezamos a tocar para afuera.

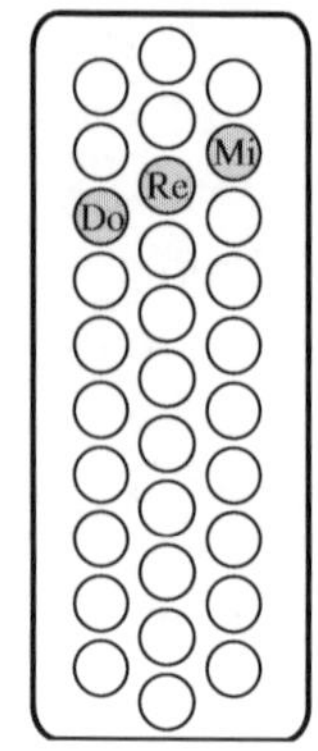

Estudio para Acordeón No. 7

Allegro ♩ = 120

Easy Music School

AFUERA

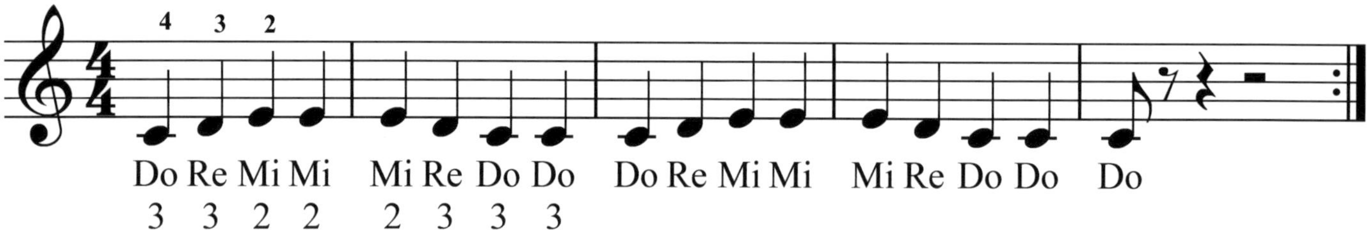

Las mismas tres notas del estudio anterior, Do-Re-Mi, pero con un ritmo diferente.
Cada uno de los estudios que hagas en este libro debes de tocarlos de memoria y cada vez trata de tocarlos más rapido. Entre más rapido los toques es mejor. El chiste de tocar el acordeón bien está en la velocidad, y la única forma de agarrar velocidad es practicando mucho todos los dias.

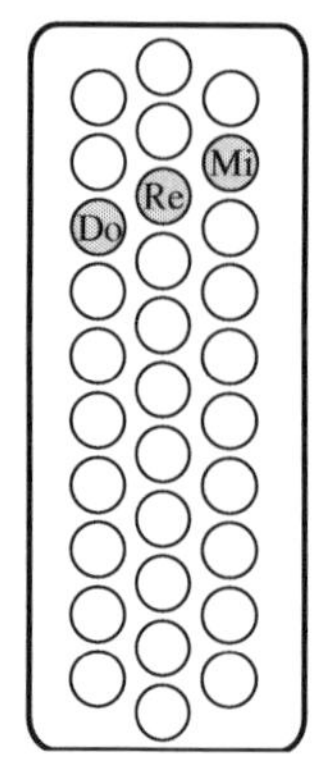

Estudio para Acordeón No. 8

Moderato ♩ = 90

Easy Music School

AFUERA

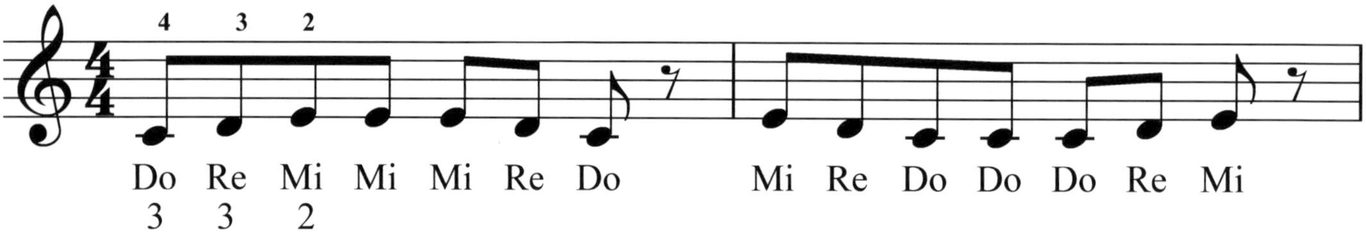

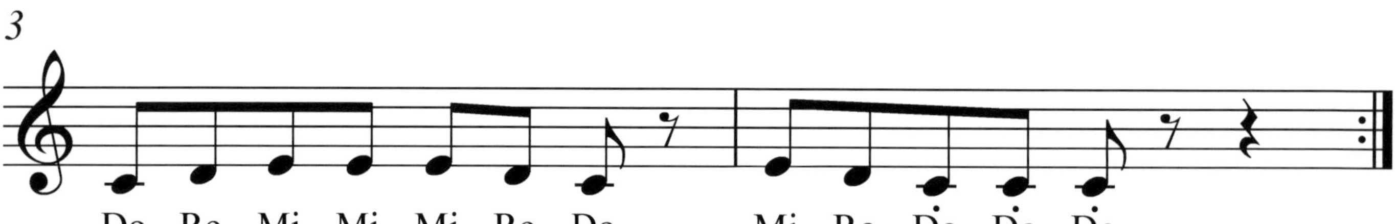

Hay varios puntitos debajo de las notas, a esos puntitos, en la música se le llama *staccato*, que es una palabra del idioma italiano. Éste puntito significa que tocas las notas como a la mitad de su valor original. Toca la nota y rapidito levanta el dedo.

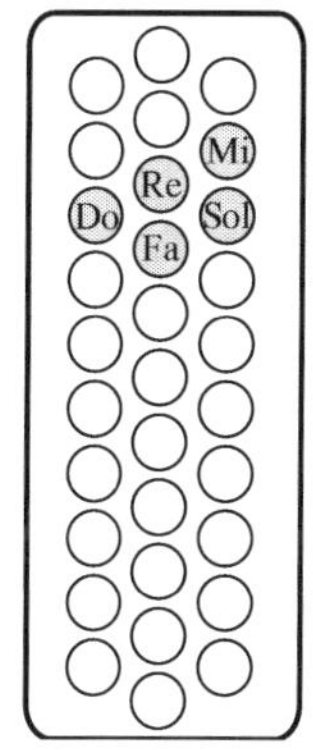

9

Estudio para Acordeón No. 9

Moderato ♩ = 90

Easy Music School

AFUERA

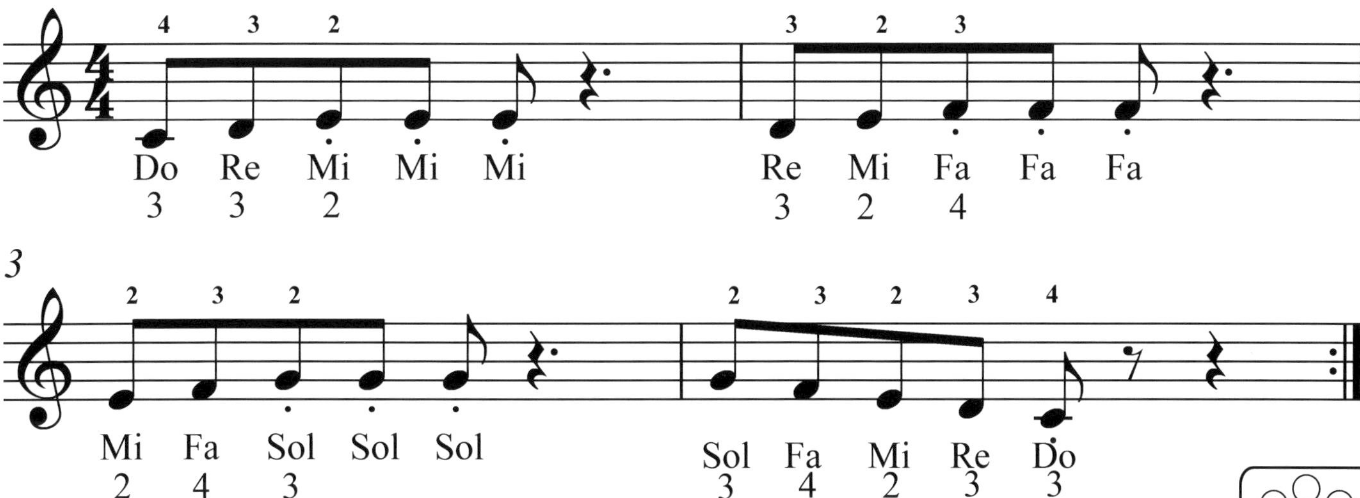

Las corcheas o notas de octavos, son muy comunes y se distinguen fácilmente por la rayita que une cuatro corcheas a la vez. Fíjate en el grupo de cuatro corcheas de cada compás. El estudio No. 9 y el No. 10 son muy parecidos, no te confundas al estudiarlos.

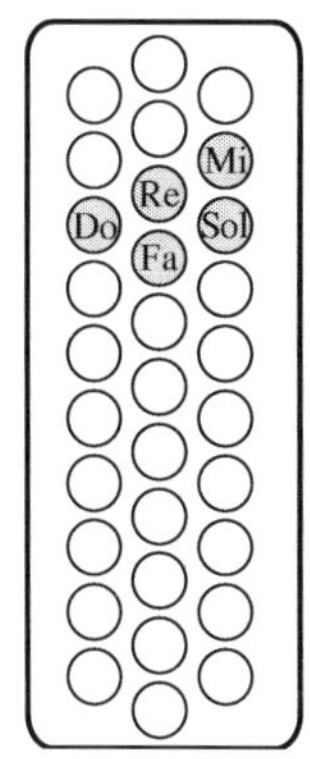

10

Estudio para Acordeón No. 10

Allegro ♩ = 110

Easy Music School

AFUERA

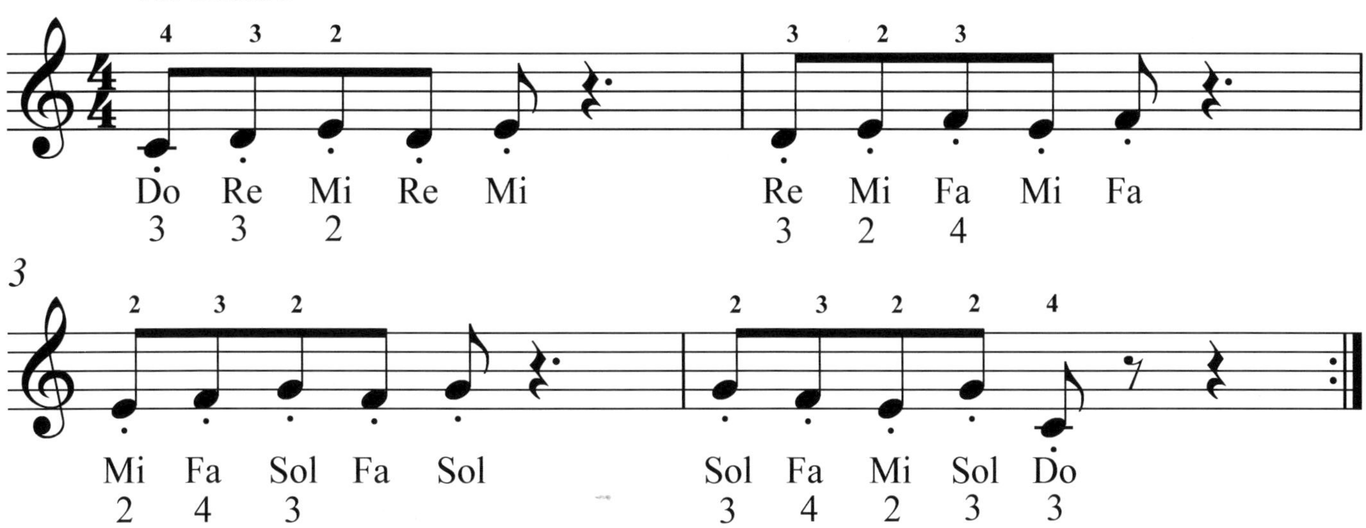

Con las primeras tres notas de éste estudio se forma el acorde de Do. Hay una nota nueva en éste estudio, la nota de La. Fíjate que los estudios son poquitas notas y silencios, porque en el silencio aprovechas para jalar aire.
Los dedos te dan una idea de como puedes tocar el estudio, pero se pueden usar diferentes dedos.

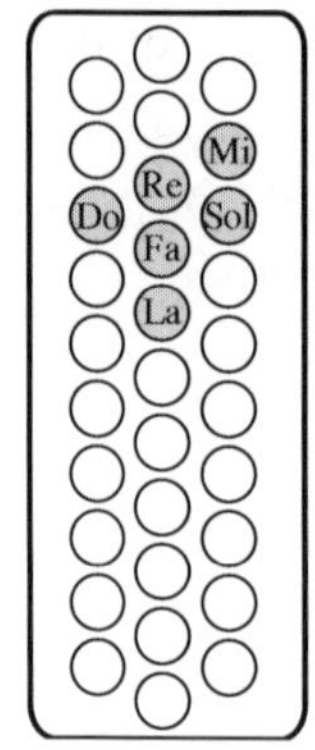

Estudio para Acordeón No. 11

11

Allegro ♩ = 115

Easy Music School

AFUERA

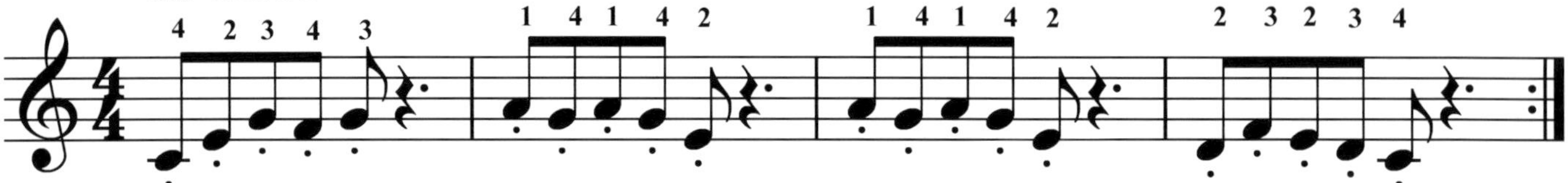

DoMiSolFaSol LaSolLaSolMi LaSolLaSolMi ReFaMiReDo
3 2 3 4 5 3 5 3 2 5 3 5 3 2 3 4 2 3 3

Acuerdate, sonidos cortitos y silencios. La nota de Si está en el boton 6 de la hilera de en medio.
No toques el estudio que sigue, a menos que puedas tocar cada estudio cuando menos diez veces seguidas sin equivocarte. Cada vez toca más rapido.

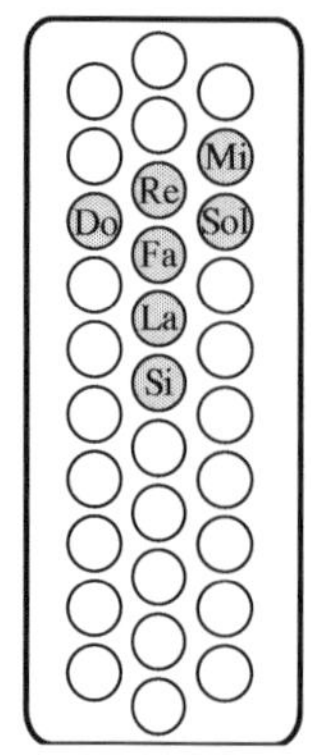

Estudio para Acordeón No. 12

12

Allegro ♩ = 120

Easy Music School

AFUERA

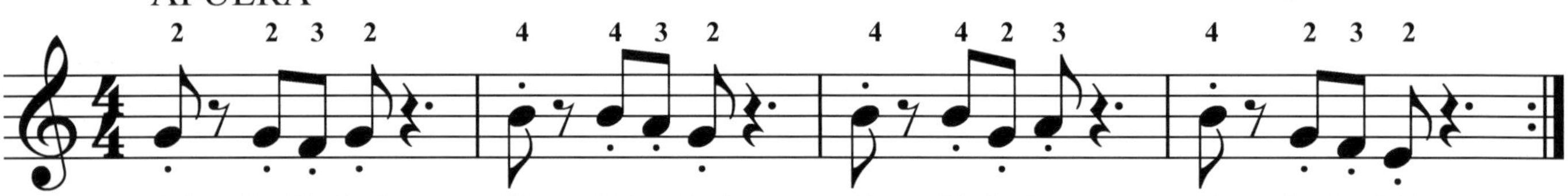

Sol SolFaSol Si Si LaSol Si Si SolLa Si SolFaMi
3 3 4 3 6 6 5 3 6 6 3 5 6 3 4 2

En al acordeón, la misma nota se puede tocar en diferentes botones. La nota de Mi de éste estudio, la vas a tocar en el boton 2 de la tercer hilera, y en el boton 4 de la primer hilera, los dos botones suenan igual, porque es la misma nota. Así podras tocar más rapidito. Las notas de diecisei-savo tienen doble barrita.

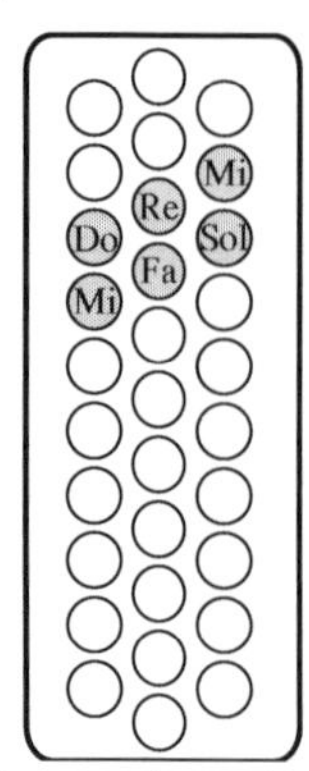

Estudio para Acordeón No. 13

13

Moderato ♩ = 85

Easy Music School

AFUERA

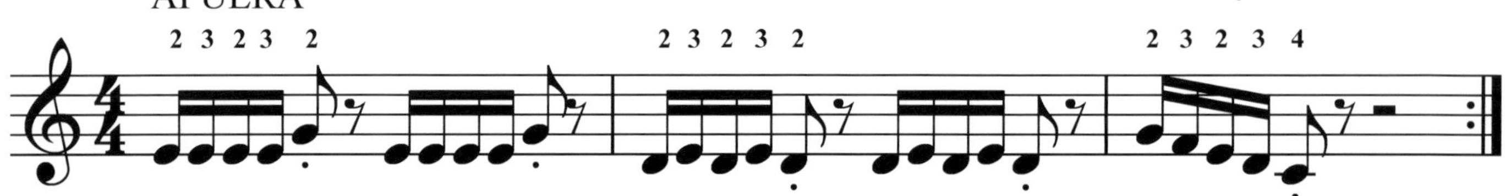

MiMiMiMiSol MiMiMiMiSol ReMiReMiRe ReMiReMiRe SolFaMiReDo
2 4 2 4 3 3 4 3 4 3 3 4 2 3 3

En el último compás de éste estudio hay varias notas de doble corchea, no te preocupes, no se tocan tan rapido, escucha el CD y tocalo igualito. Recuerda que todas las notas se tocan con el aire para afuera, por eso tiene silencios de vez en cuando, para que jales aire.

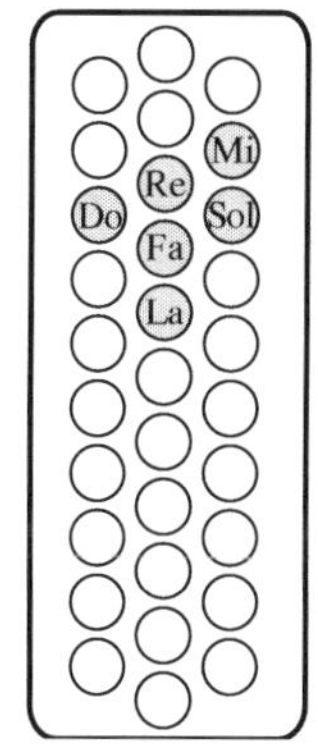

Estudio para Acordeón No. 14

Moderato ♩ = 85

Easy Music School

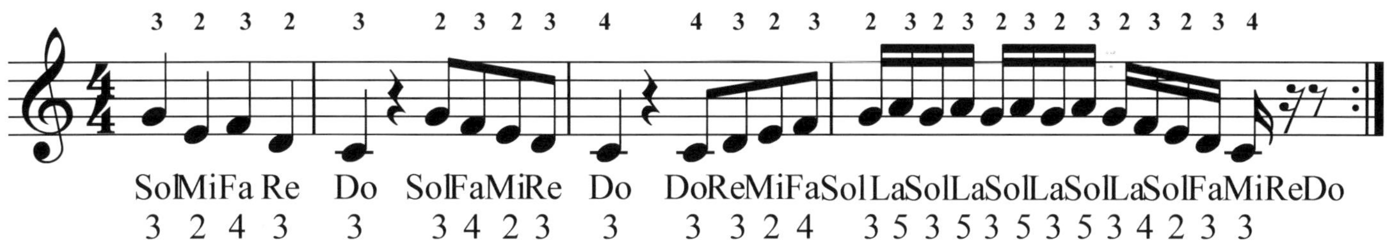

Los números de los dedos que ves en cada estudio, es solo una idea de cuales dedos puedes usar para tocar cada nota, pero depende de las manos que cada quien tiene y de como se acomode mejor, las mismas notas se pueden tocar con diferentes dedos, lo principal es tocar las notas correctas, en el tiempo correcto.

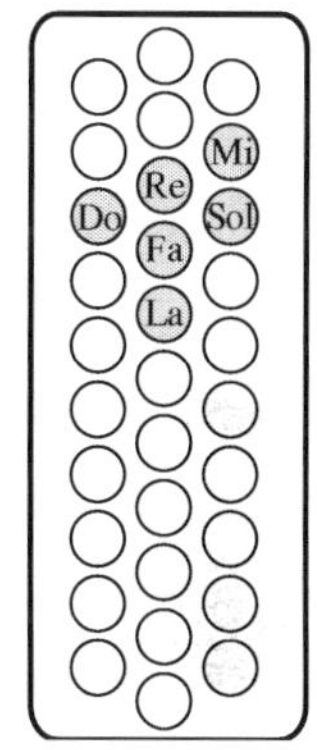

Estudio para Acordeón No. 15

Moderato ♩ = 85

Easy Music School

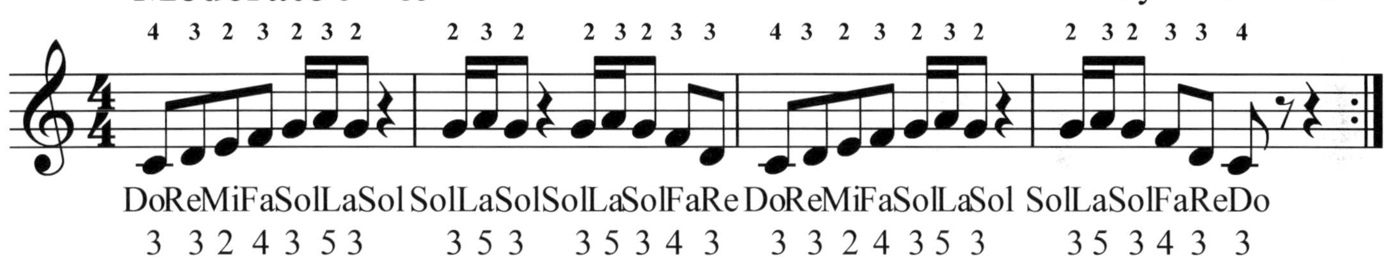

Varios grupos de diesciseisavos, éste tipo de estudio es como si fueran adornitos para una canción. Otra cosa importante es que aquí vas a usar más notas, fijate en el dibujo del acordeón a la derecha y veras que están las notas de Si, Re y Do altas. Los números que están debajo del nombre de las notas, te dice el número de boton.

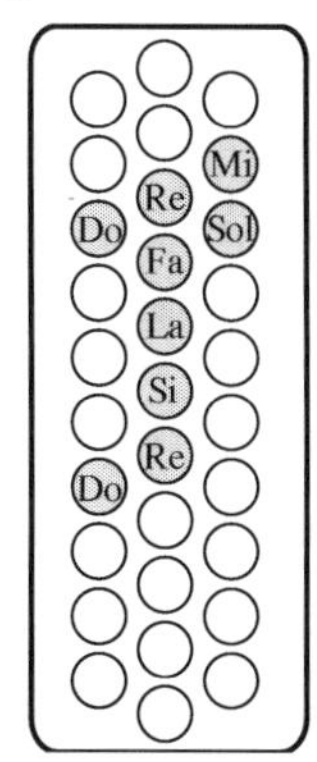

Estudio para Acordeón No. 16

Moderato ♩ = 85

Easy Music School

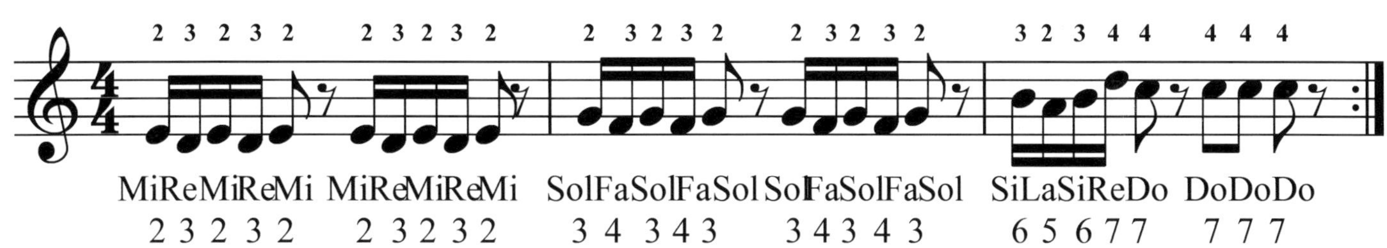

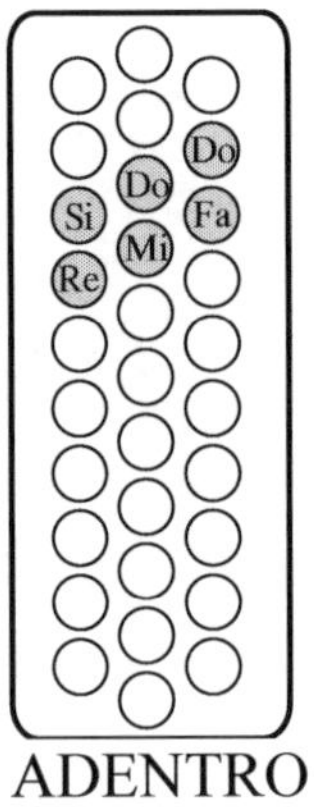

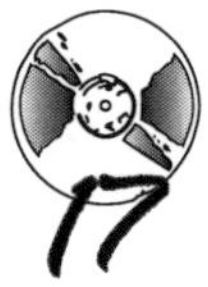

La palabra *simile* en éste estudio significa "similar" o "igual" que quiere decir que uses los mismos dedos que en el primer compás, aqui los dedos son muy importantes.
La otra cosa es que vas a tocar con el aire para afuera los primeros dos compáces y con el aire para dentro los últimos dos, fijate en los dibujitos de la derecha y de la izquierda, son los mismos botones, pero diferentes notas.

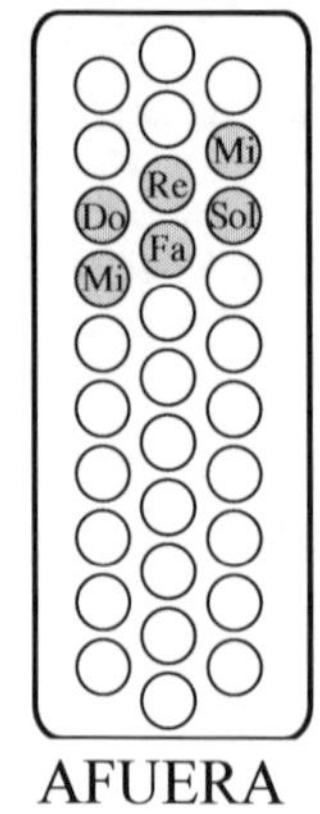

Estudio para Acordeón No. 17

Moderato ♩ = 88

Easy Music School

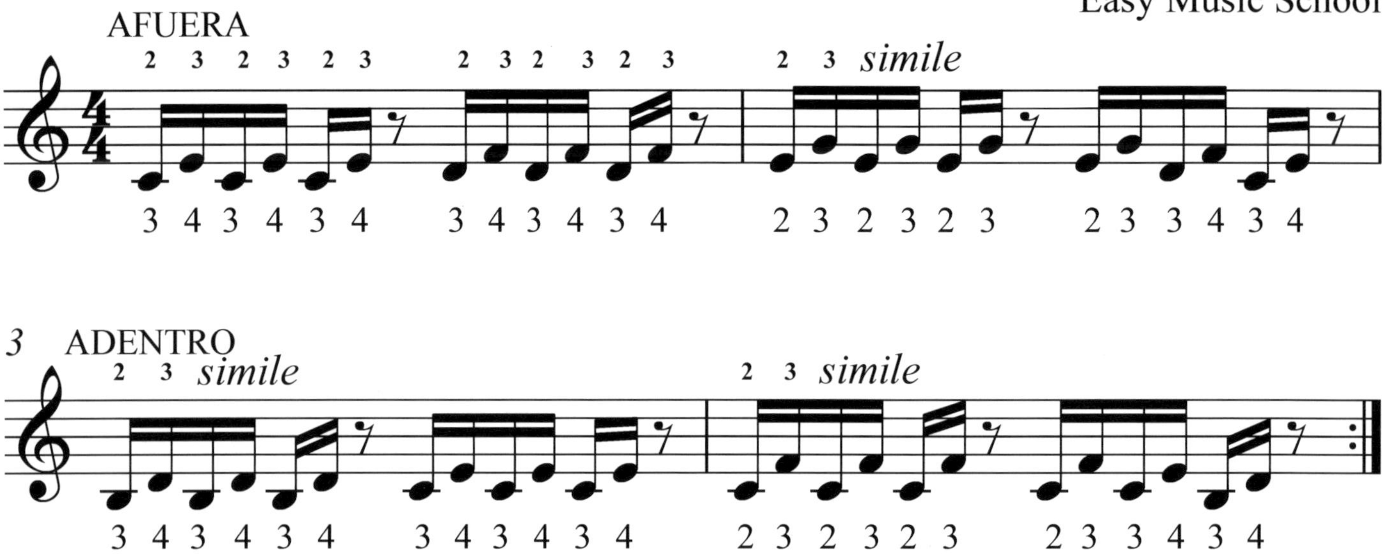

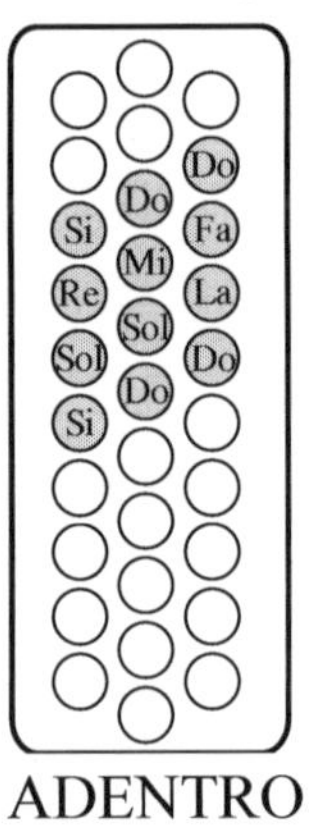

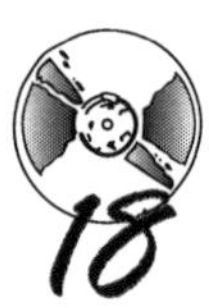

La misma idea del estudio anterior, pero ahora vas a tocar los dedos 2 y 3 en forma vertical, eso quiere decir que las notas van subiendo, o sea, cada vez más alto el sonido.
No te preocupes si al ver tantas notas en el pentagrama se ve muy difícil, en realidad no cuesta trabajo tocarlo, escucha el CD para que te des una idea de como se debe oir.

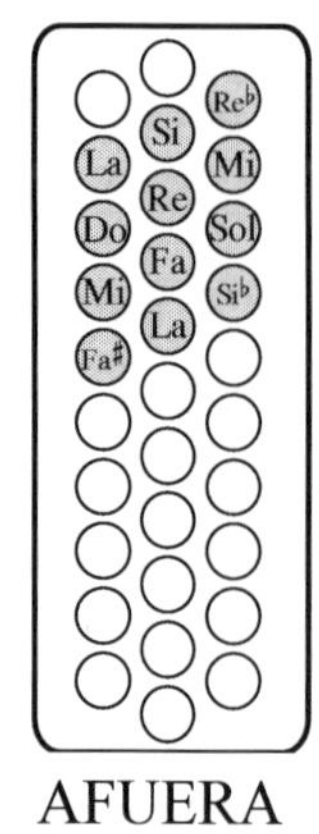

Estudio para Acordeón No. 18

Moderato ♩ = 85

Easy Music School

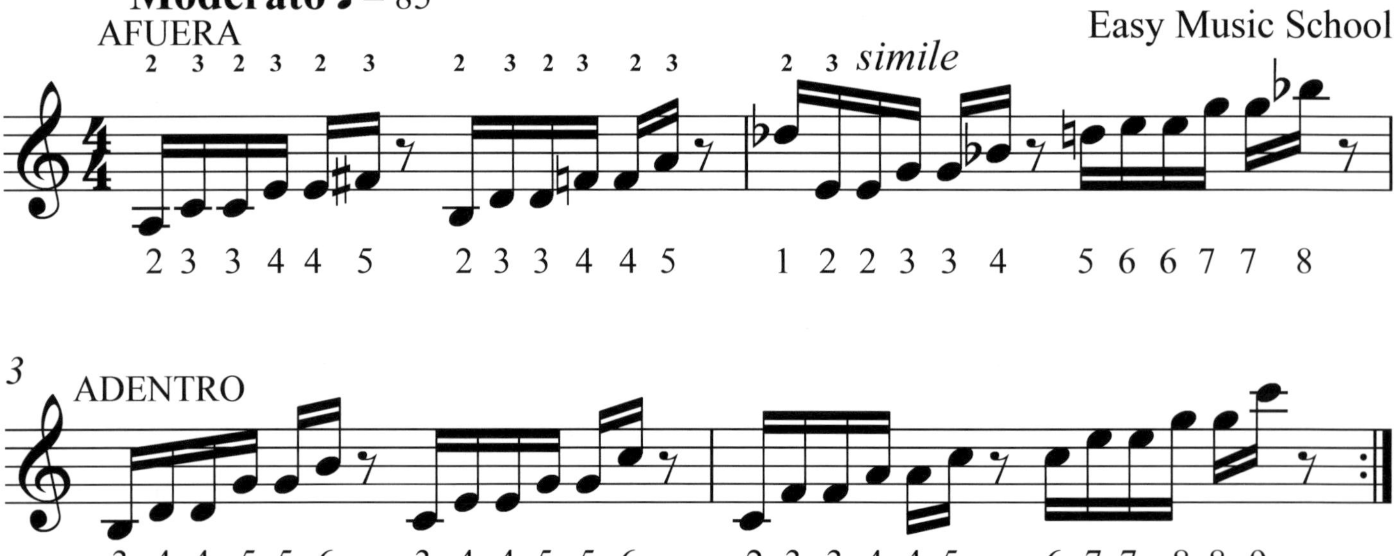

En éste estudio todas las notas son con el aire para afuera, en los silencios aprovecha para jalar aire. El ritmo es de tresillos, tres notas a la vez, cuenta así; un-dos-tres, un-dos-tres, bien parejito. En el compás tres hay una escala para arriba (ascendente) y en el compás seis hay una escala para abajo (descendente).

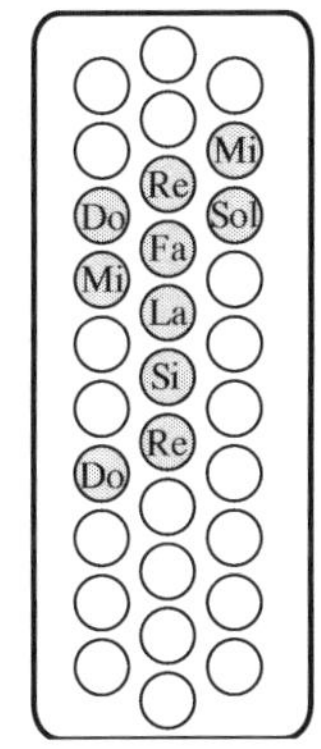

19

Estudio para Acordeón No. 19

Moderato ♩ = 100

Easy Music School

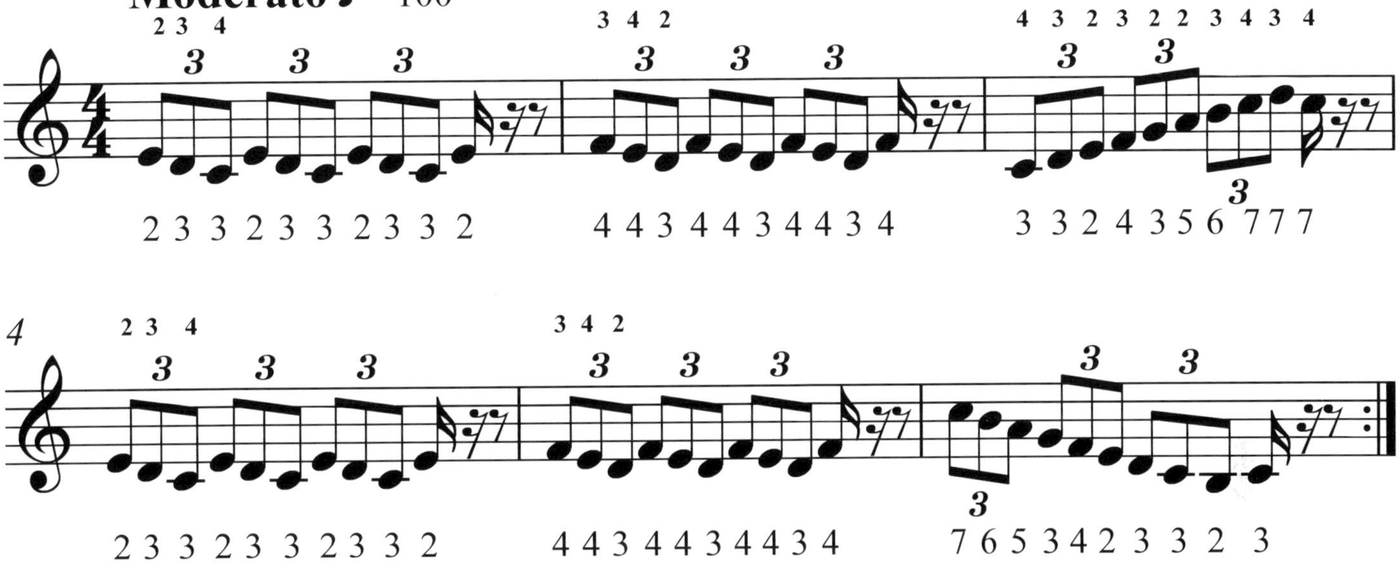

Otro tipo de tresillos más rapidito, aunque el tiempo en el metronomo dice Lento = 65, cada cuatro notas se escuchan rapidito. Aquí vas a notar como tocas en la octava baja y luego en la octava alta.

El estudio No. 20 es exelente para agarrar rapidez en los dedos, recuerda que puedes usar diferente combinación de dedos.

Felicidades por tocar los veinte estudios del nivel uno, sigue estudiando y practicando nos vemos pronto!

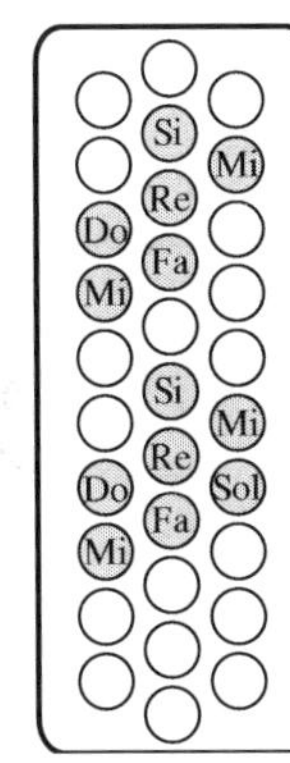

20

Estudio para Acordeón No. 20

Lento ♩ = 65

Easy Music School

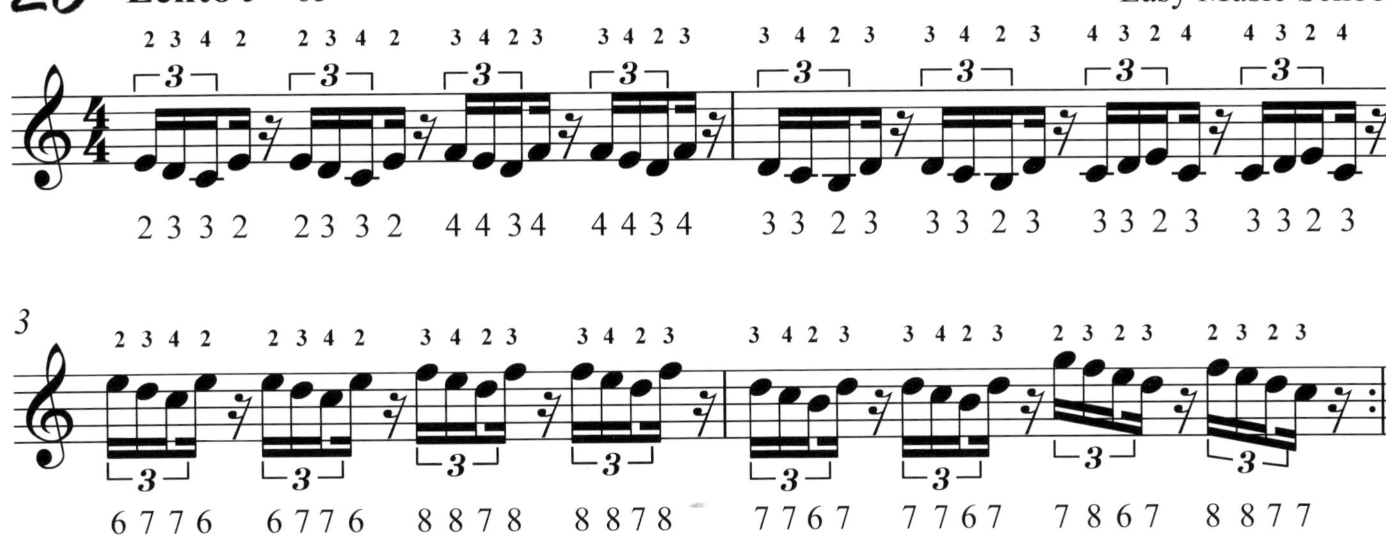

Como tocar las escalas

Notas de la escala de Do Mayor.

El acordeón de botones es un instrumento diatónico, en lugar de ser un istrumento cromatico, lo que quiere decir, que no tiene todas las notas como el piano o la guitarra, por eso solo puedes tocar algunas escalas con un tipo de acorde, por eso hay varios tonos en los acordeones.
En el acordeón de Sol hay tres tonos básicos: Sol, Do y Fa.
Las notas de la escala de Do Mayor son ocho:
Do - Re - Mi - Fa - Sol - La - Si - Do.

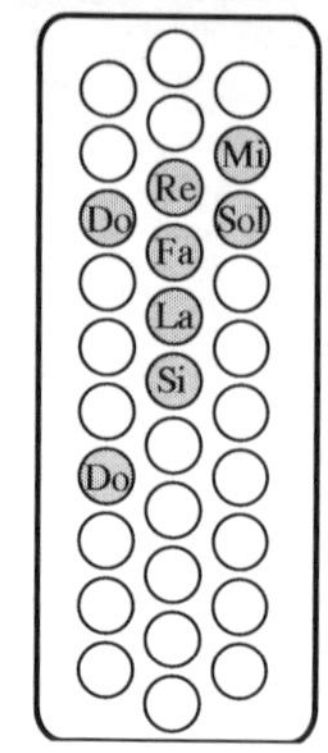

AFUERA

21

Escala de Do Mayor

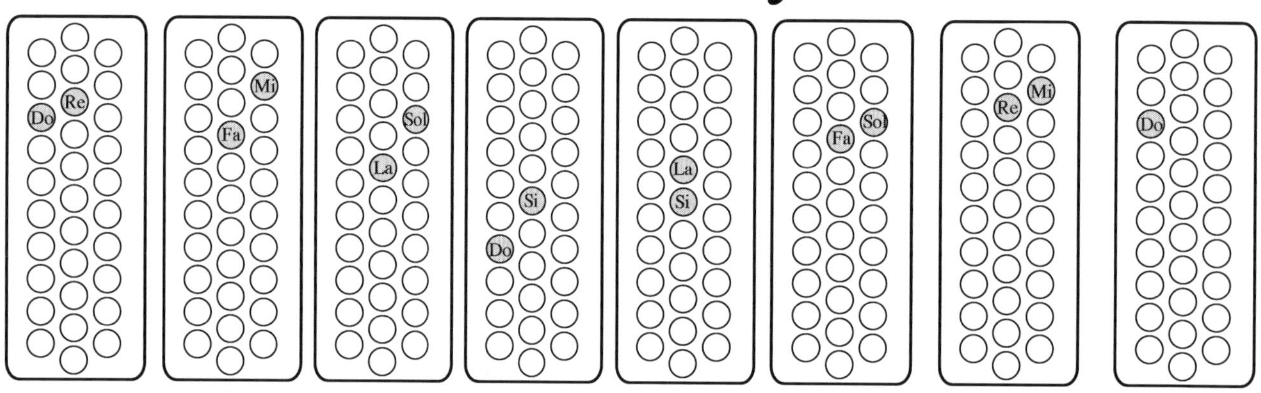

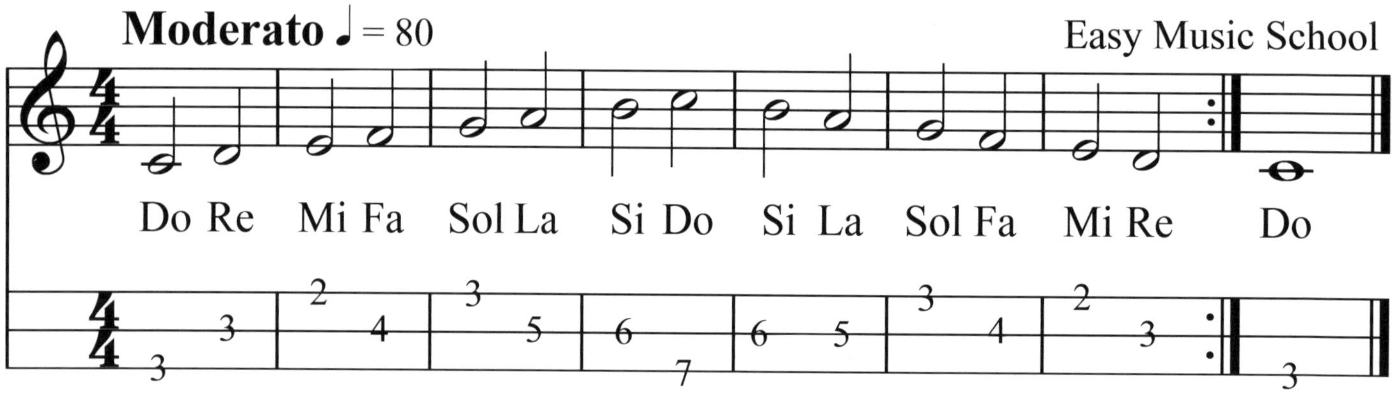

La TABLATURA del acordeón

La TABLATURA se usa para instrumentos de cuerdas como la guitarra o el bajo, pero la idea de poner lineas y números para facilitar el aprendizaje es muy bueno, así que en este libro voy a usar algo similar.
Debajo de la nota hay un número que es el boton que debes apretar, y las lineas van en el orden del dibujo.

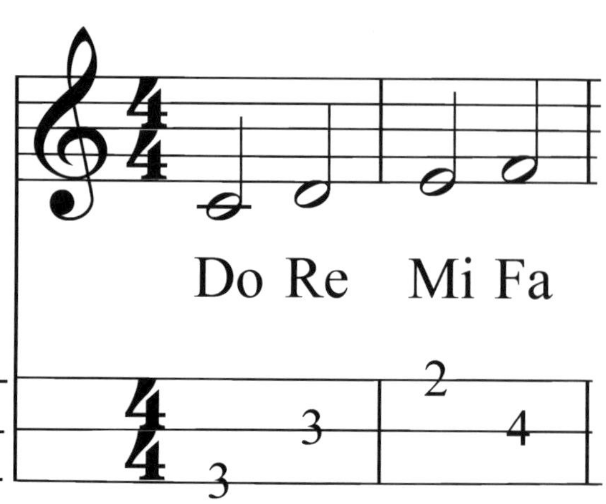

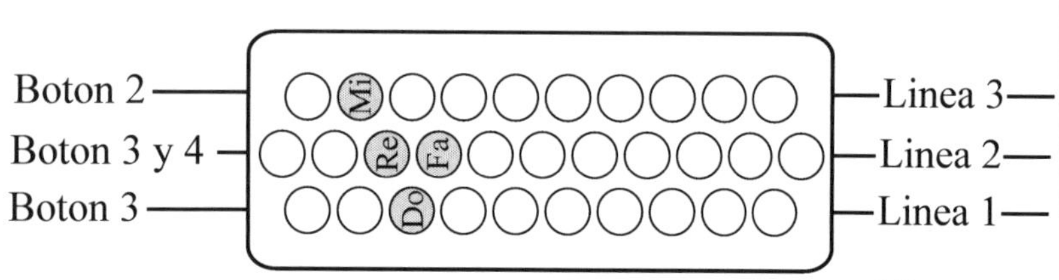

Notas de la escala de Sol Mayor.

Otra de las escalas que sí se puede tocar en el acordeón es la escala de Sol. La escala de Sol lleva un sostenido (♯) que es la nota de Fa♯. La nota de Fa♯ se puede tocar solamente en tres botones diferentes, en éste ejemplo vas a usar el boton número 9 de la primer linea.
Las notas de la escala de Sol Mayor son ocho:
Sol - La - Si - Do - Re - Mi - Fa♯ - Sol.

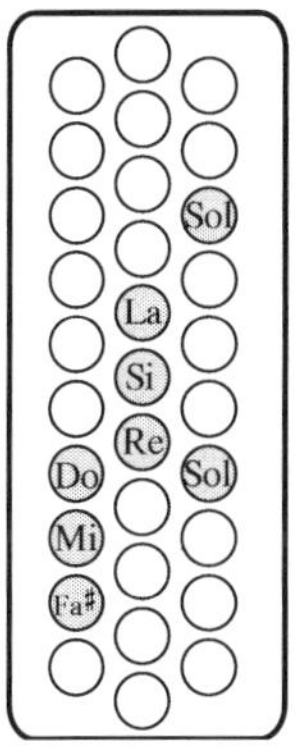

AFUERA

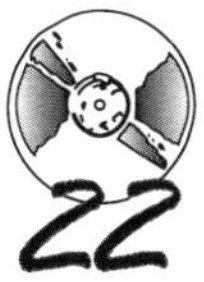

Escala de Sol Mayor

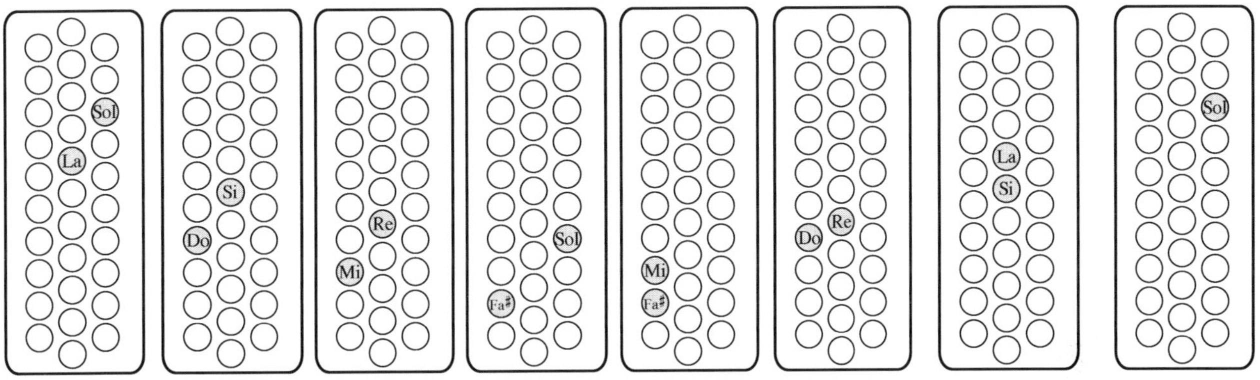

Moderato ♩ = 80

Easy Music School

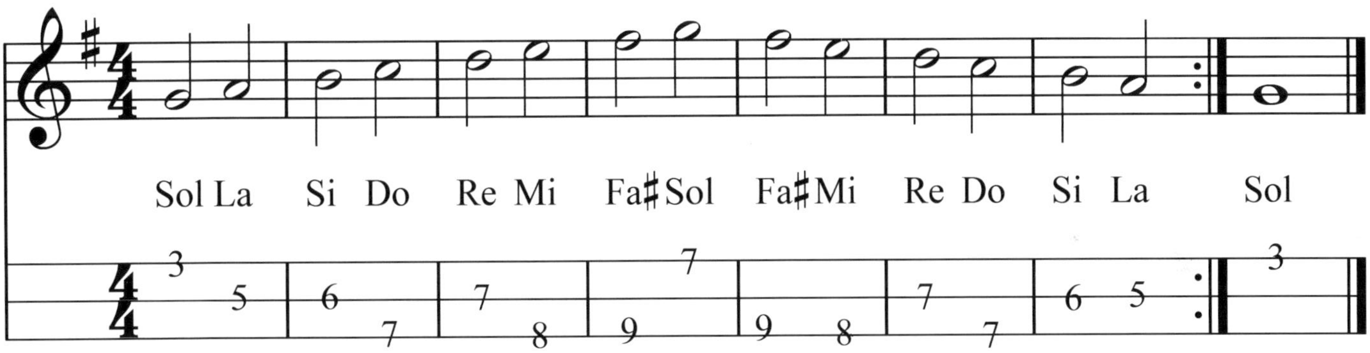

Debajo de cada nota, escribe el nombre que le corresponde y despues toca cada una de la notas en el acrdeón, vamos a ver si le vas entendiendo.

Repazo de notas

En la escala de DO.

Easy Music School

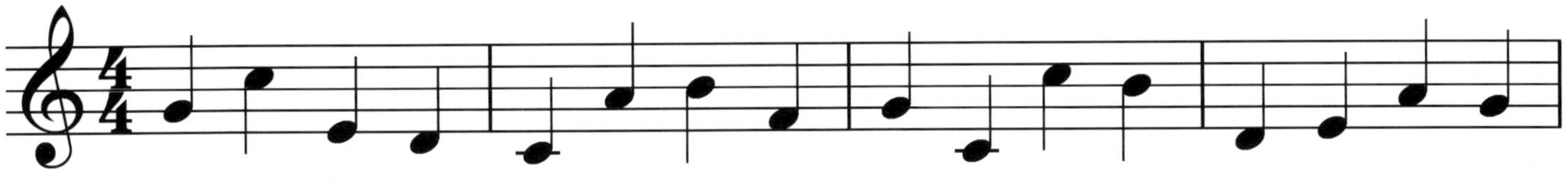

En la escala de SOL.

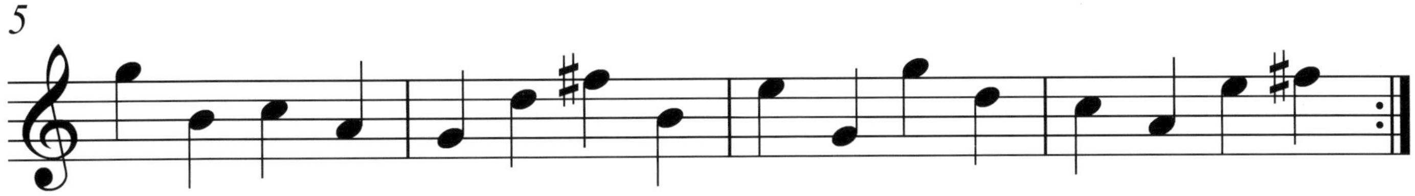

Notas de la escala de Fa Mayor.

La tercer escala que vas a aprender es la escalade Fa, ésta escala tiene un bemol, y es el Si♭. El Si♭ se toca en el boton 4 de la tercer linea.
Las notas de la escala de Fa Mayor son ocho:
Fa - Sol - La - Si♭ - Do - Re - Mi - Fa.
Hay más escalas en la música, pero con el acordeón en sol, solo vamos a estudiar éstas tres.

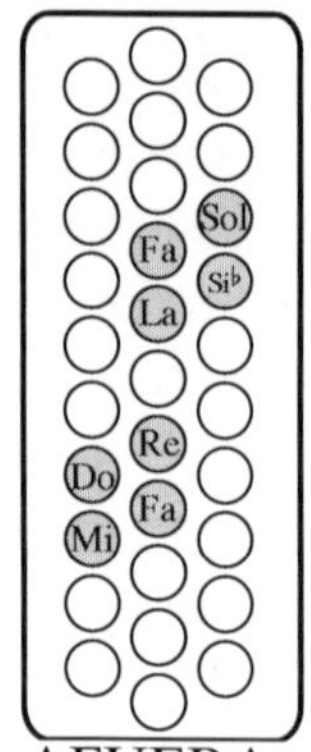

AFUERA

23

Escala de Fa Mayor

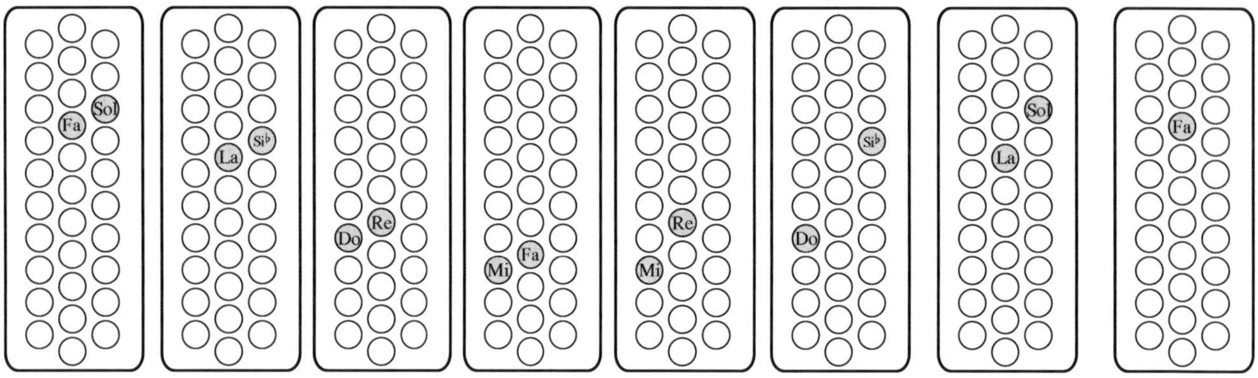

Moderato ♩ = 80

Easy Music School

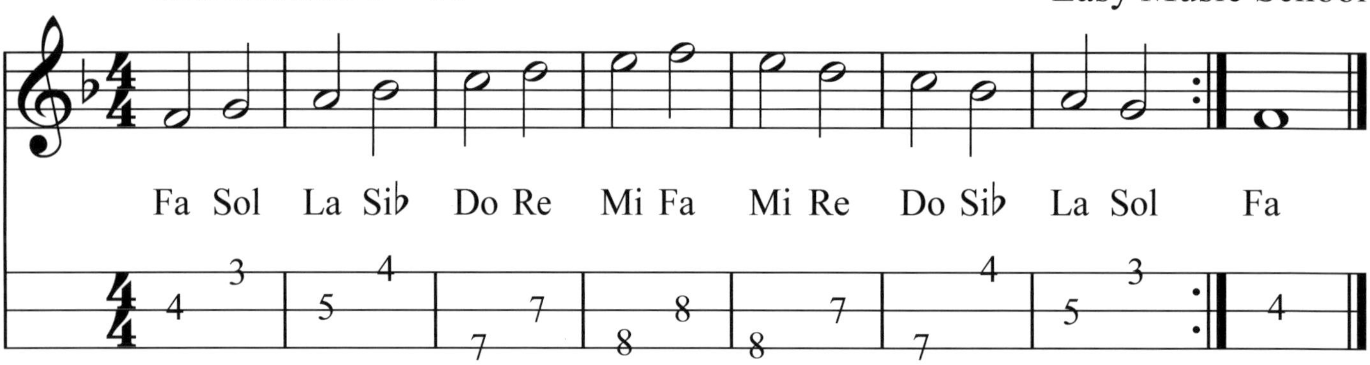

Otro repazo de notas, ten mucho cuidado de las alteraciónes, o sea los bemoles (♭) y los sostenidos (♯), cuando ves una nota bemol o sostenido, es solo por esa nota y en ese compás, si despues ves la misma nota y no tiene alteración, es que es una nota natural.

Repazo de notas

Easy Music School

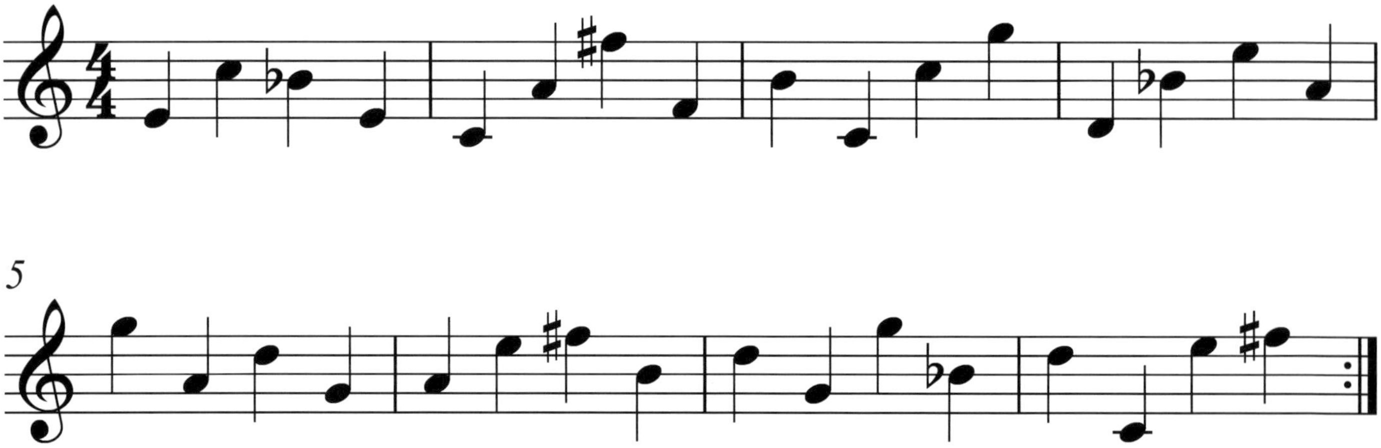

Notas de la escala de Do Mayor.

En éste ejemplo vas a tocar la escala de Do pero le vamos a agregar otras notas más altas. En el quinto compás está la nota de La y de Si, y de ahi nos regresamos hasta terminar en el Do de abajo.
Una vez que ya sepas cuales son las notas correctas, toca la escala cada vez más rapido.

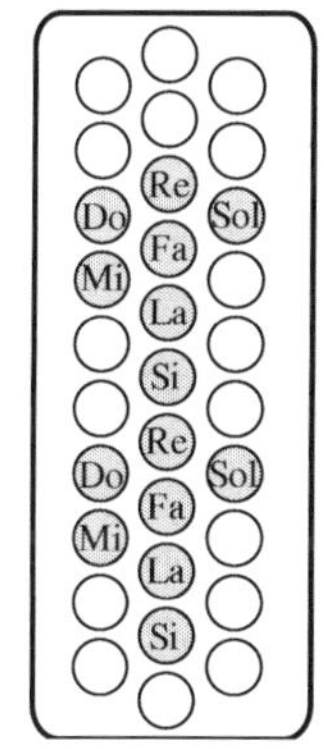

24

Escala de Do Mayor

(Octavas)

Moderato ♩ = 80

Easy Music School

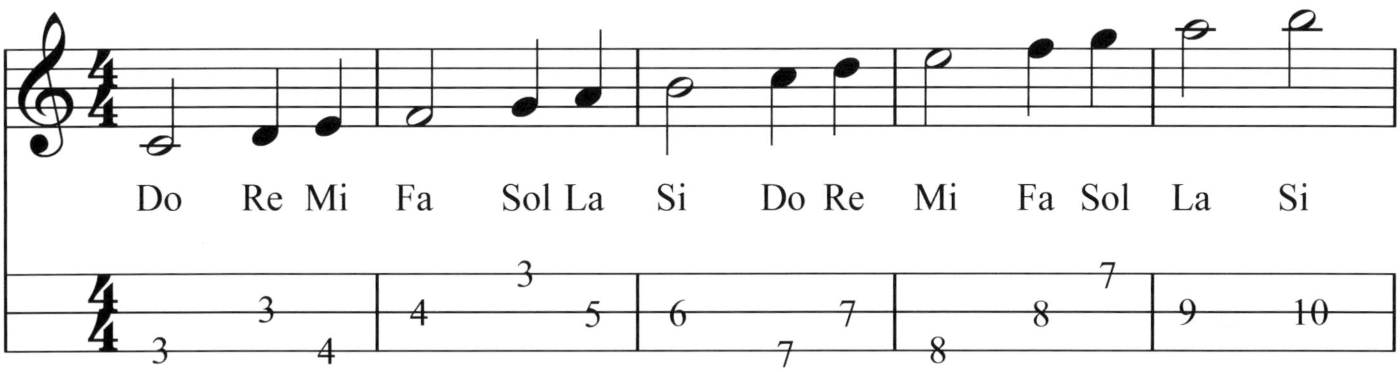

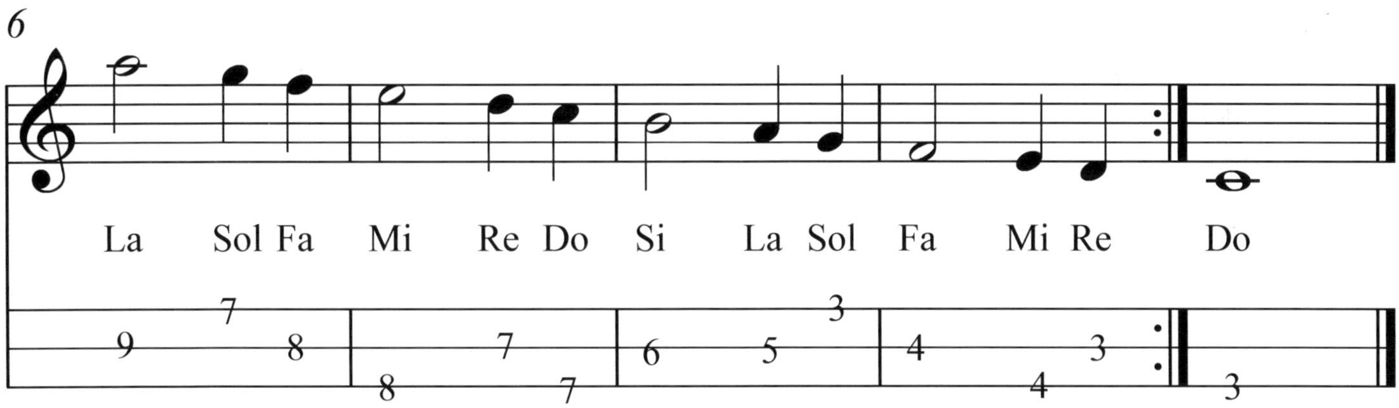

Escribe el nombre de las notas en el circulo gris y tocalas en el acordeón.

Aire para afuera.

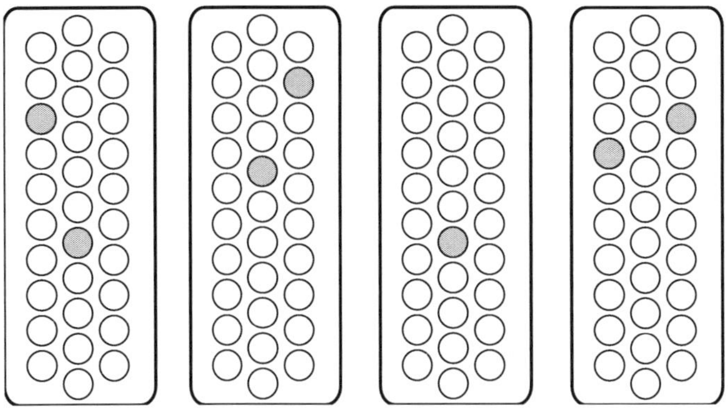

Aire para adentro.

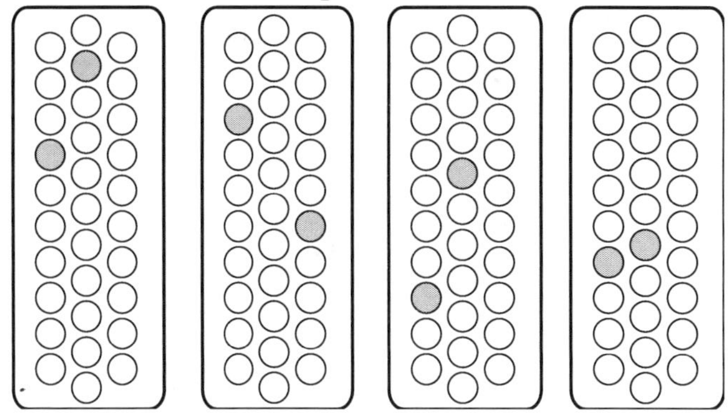

Escala doble.

Escala de Do en terceras (Doble).

El acordeón de botones se usa la mayor parte de las veces, para hacer adornos, o introducciones de las canciónes. Una de las caracteristicas principales es el sonido doble, o sea, que tocas dos botones al mismo tiempo, en lugar de uno por uno, eso lo hace que se oiga mas bonito y en la mayoria de canciónes lo usan así.
La escala doble es muy importante, aprendetela bien y tocarla parejito.

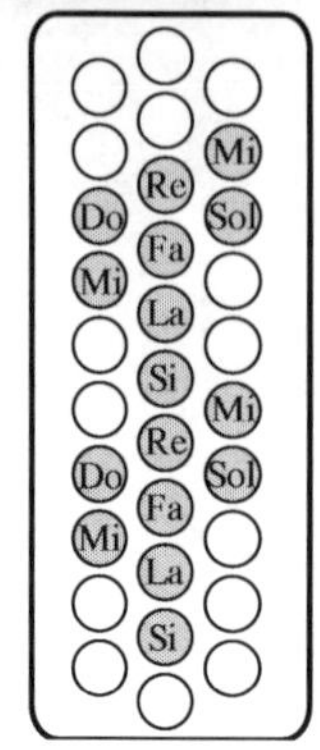

25

Escala de Do Mayor Doble

(Con el aire para afuera)

Moderato ♩ = 80

Easy Music School

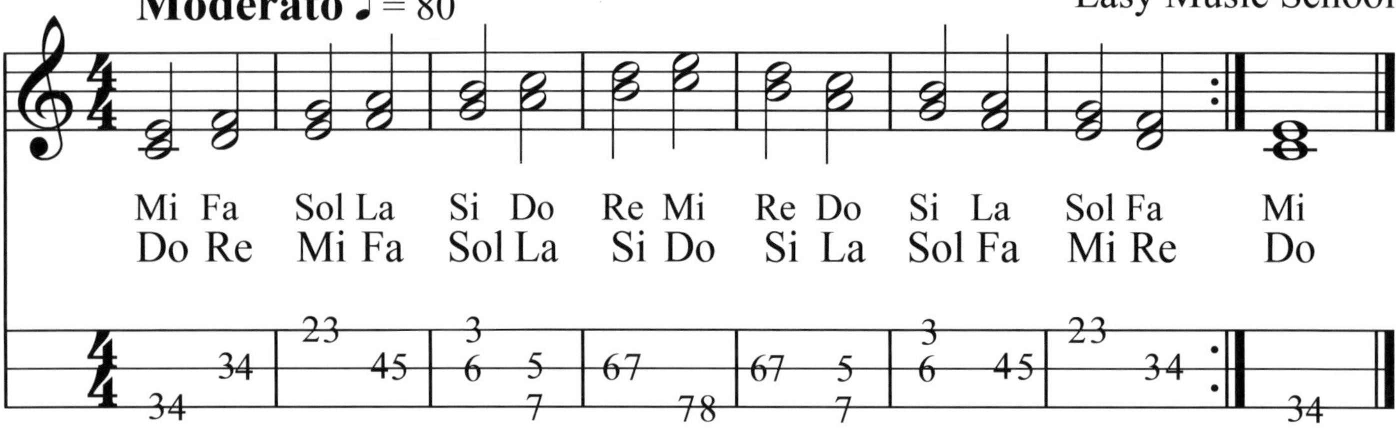

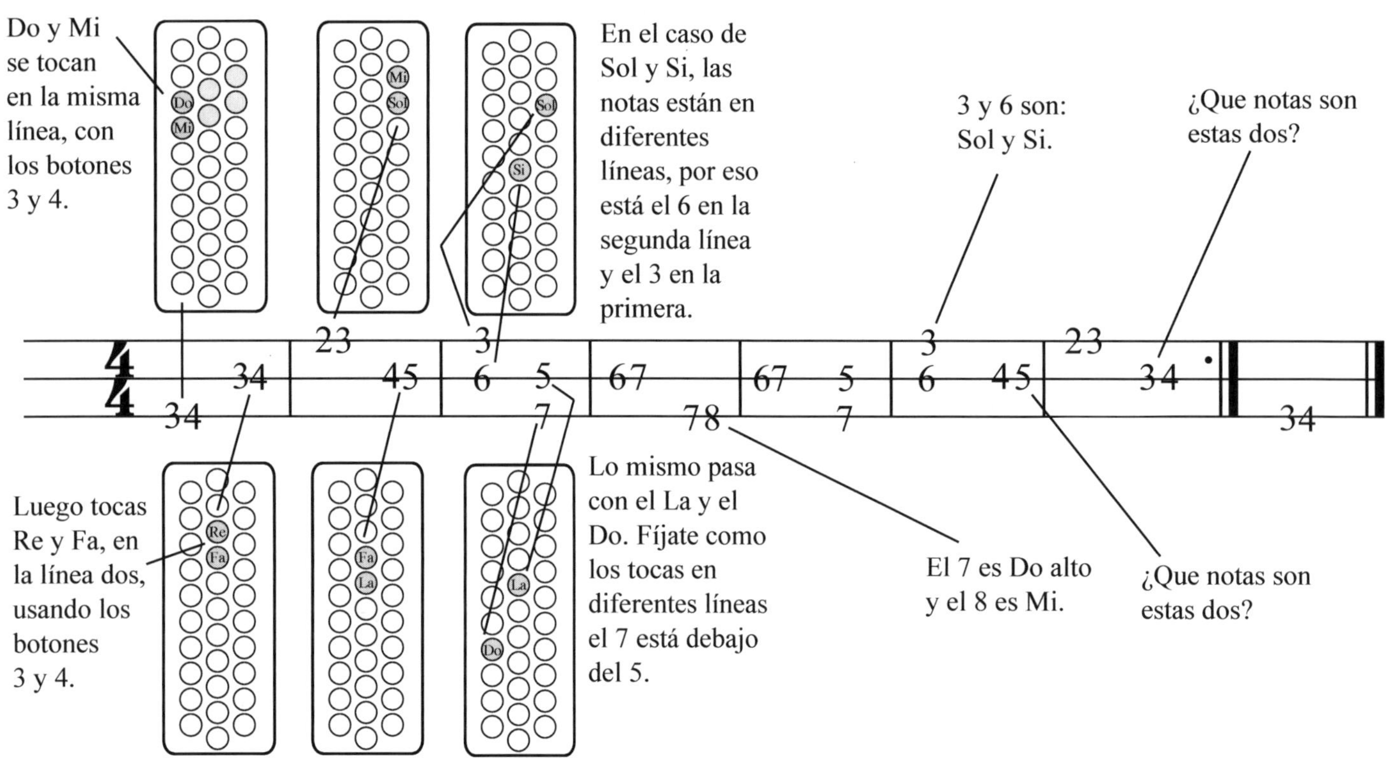

Algunas notas dobles.

En ésta página hay varias terceras, o sea, dos notas tocadas al mismo tiempo y la distancia entre cada una de las notas es de una tercera. (Por ejemplo, Do-Mi, La-Fa, Sol-Si etc). Tocas las primeras tres terceras y hay un silencio de dos tiempos. Toca cada una de las terceras lentamente para que tengas tiempo de aprender en donde se tocan. Cuando hagas adornos, éstas terceras te van a servir mucho.

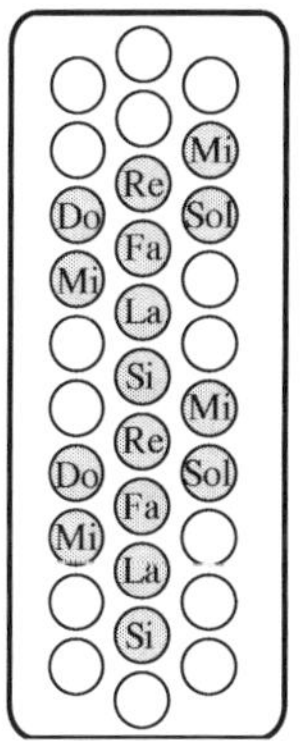

26

Notas

(De la escala doble de Do)

Moderato ♩ = 80

Easy Music School

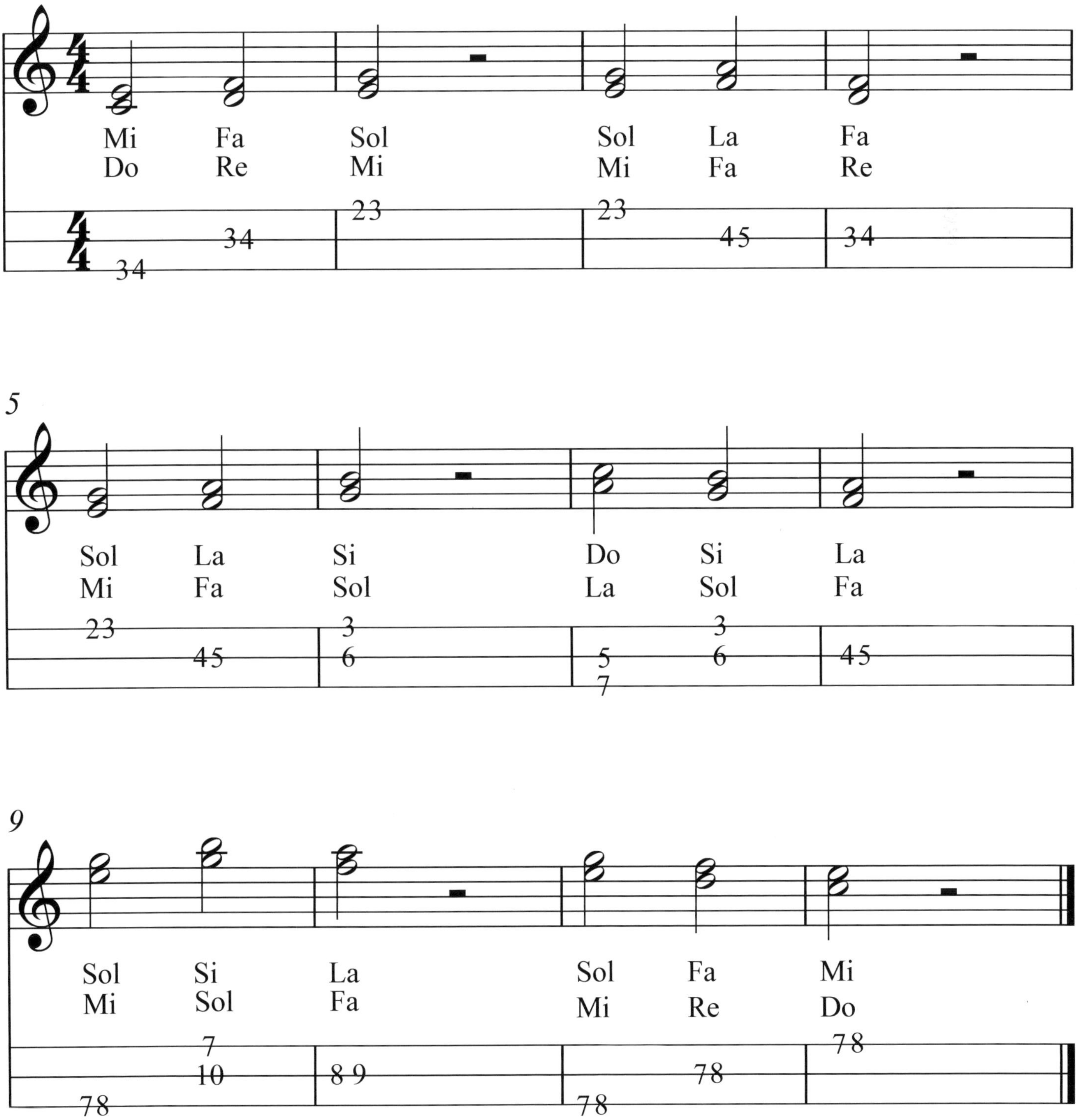

Canciónes muy sencillas

Algunas canciόncitas en dos cuerdas.

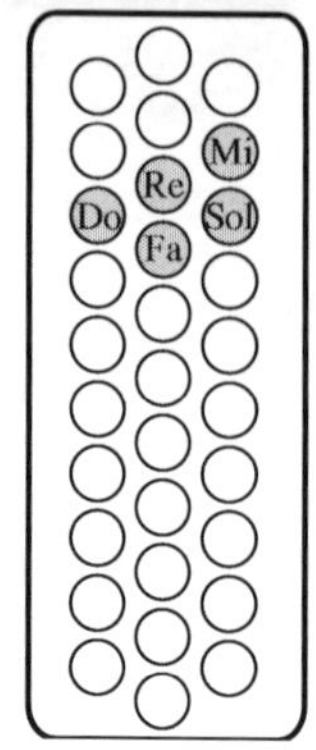

Practíca éstas melodias con notas basicas, como la redonda (𝅝), la blanca (𝅗𝅥) y la negra (♩). Ésta canción se toca con el aire para afuera. Al final de éste libro debes de saber reconocer y tocar cuando menos canciónes como éstas.

La ligadura de fraseo, es la linea curveada que está sobre varias notas, y sirve para hacer el fraseo de las melodias.

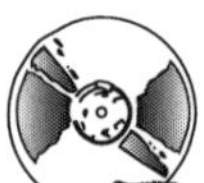

27

Simplemente

Lento ♩ = 75

Easy Music School

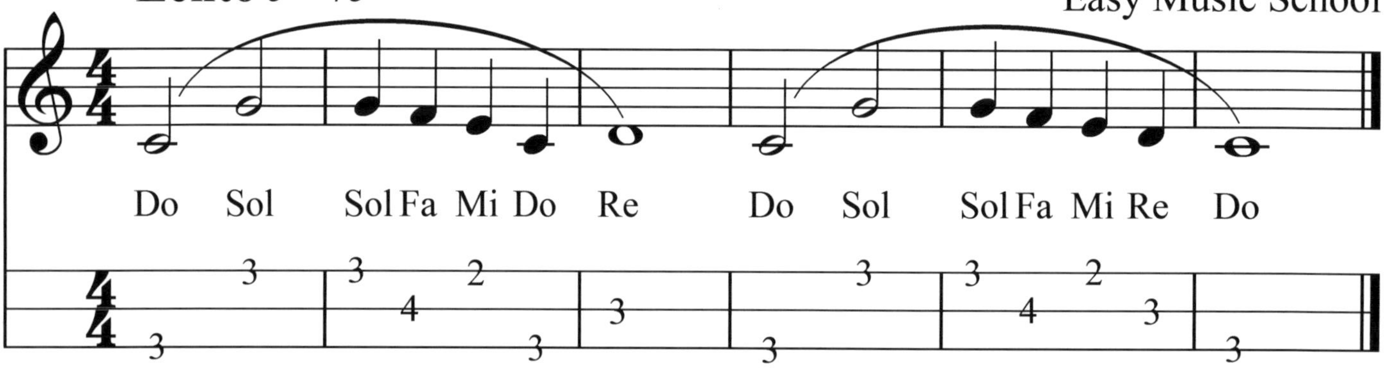

Aquí hay solo un poco de diferencia en el orden de las notas, son las mismas cinco que la canción anterior, pero tocadas de una forma diferente y con diferente ritmo, hay también un silencio de dos tiempos en el tercer compás. La mejor forma de aprenderte cualquier canción es tocar una parte de la canción primero, en éste caso la primera frase, y luego la segunda parte o la segunda frase, despues toca toda la canción completa. Al final de la ligadura, aprovechas para agarrar aire si lo necesitas.

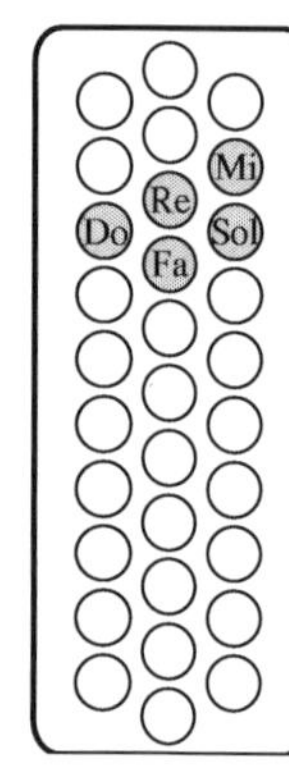

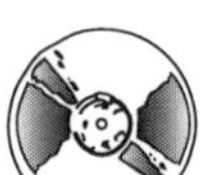

28

El Primer Dia Que Te Vi

Lento ♩ = 75

Easy Music School

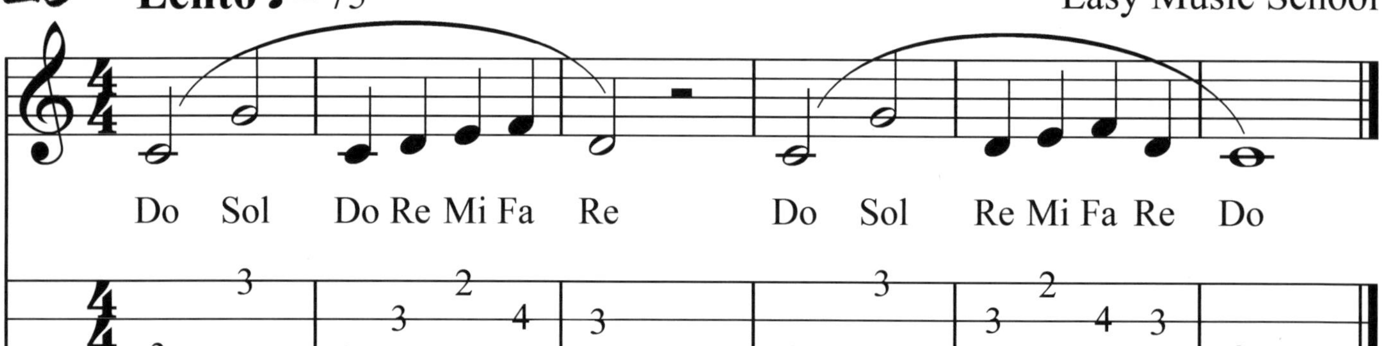

Fíjate en la ligadura que hay en el segundo compás, es una nota blanca ligada a una nota negra. La nota blanca dura dos tiempos y la nota negra dura un tiempo, pues al estar ligadas las dos notas, solamente tocas la primera nota Sol blanca, pero dejas que suene por tres tiempos. La nota Sol negra se sigue oyendo, pero no la vuelvas a tocar. Hay ligadura en el compás 2, 3 y 5.

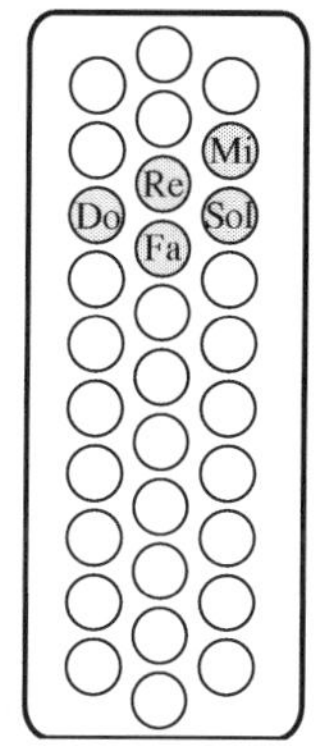

Sin Tus Ojos

29

Lento ♩ = 75

Easy Music School

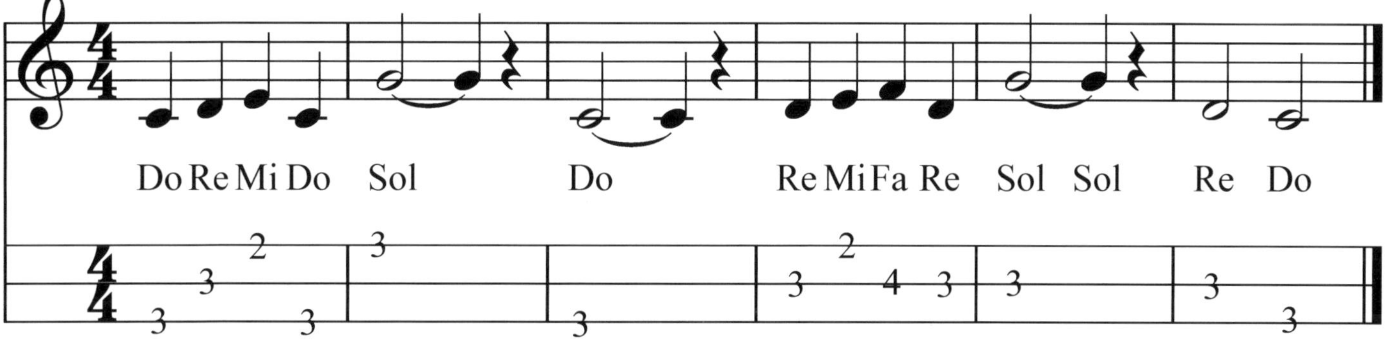

En el dibujo del lado derecho, hay un ejemplo de como se ve la ligadura. La ligadura siempre va a unir dos o más notas iguales. Tocas la primer nota, alargando el sonido igual al valor de todas las notas que estén ligadas. En éste caso la nota blanca vale dos tiempos, más un tiempo de la nota negra, el valor total es tres tiempos.

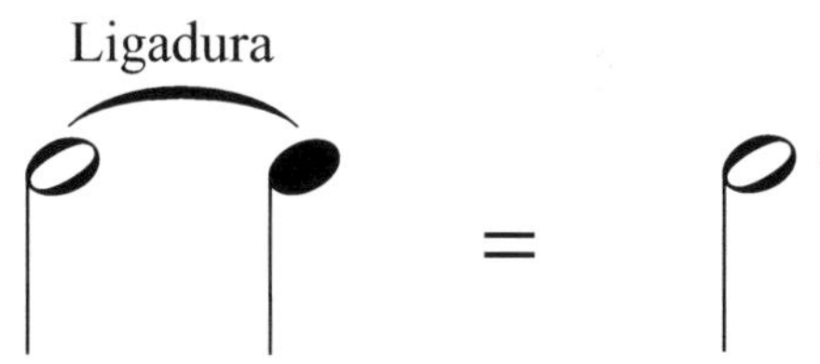

Una nota blanca ligada a una nota negra vale 3 tiempos.

Una nota blanca con puntillo vale 3 tiempos.

Del mismo modo se puede tener tres tiempos colocando un puntito al final de la nota. El puntito alarga la duración de la nota, la mitad de su valor. Si la nota vale dos tiempos, mas la mitad de dos es uno, entonces la blanca con puntito vales tres tiempos.

Escucha el CD de estas dos canciónes y te daras cuenta mejor del valor de éstas notas. No te preocupes si al principio no le entiendes mucho, poco a poco se te va a hacer más fácil.

Fíjate en el dibujo del acordeón y comparalo con el de la escala de Do, te daras cuenta que son las mismas notas.
Con la escala de Do se pueden hacer millones de melodias diferentes.

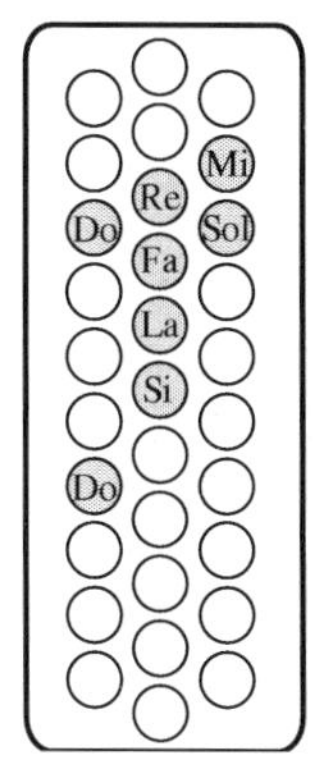

Tres Dias Sin Ti

30

Lento ♩ = 75

Easy Music School

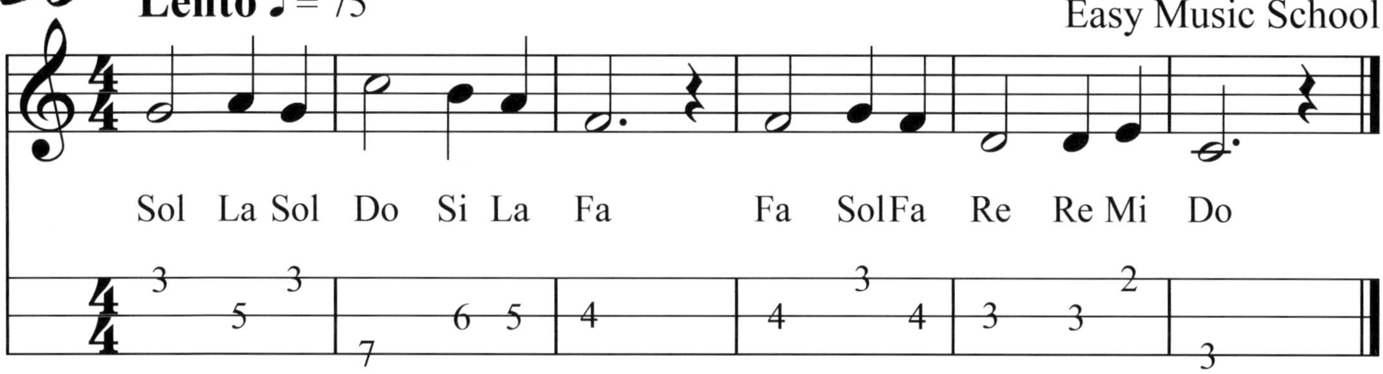

Canciónes sencillas

Canciónes en varios tonos.

Lo primero que vas a hacer es fijarte en el diagrama del acordeó y fíjate en el Fa sostenido (♯).
La canción de "Eres El Sol" está en el tono de Sol y por eso tiene un solo sostenido. En la partitura hay un sostenido enseguida de la clave de Sol, esa es la **armadura**.

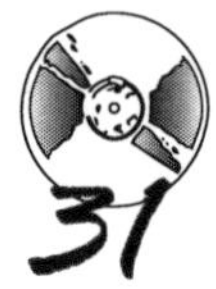

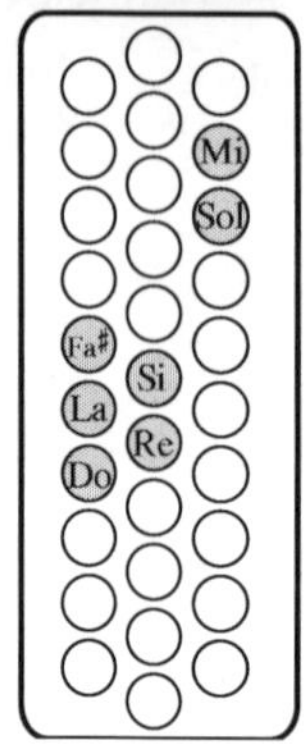

Fa♯

Eres El Sol

Moderato ♩ = 80

Easy Music School

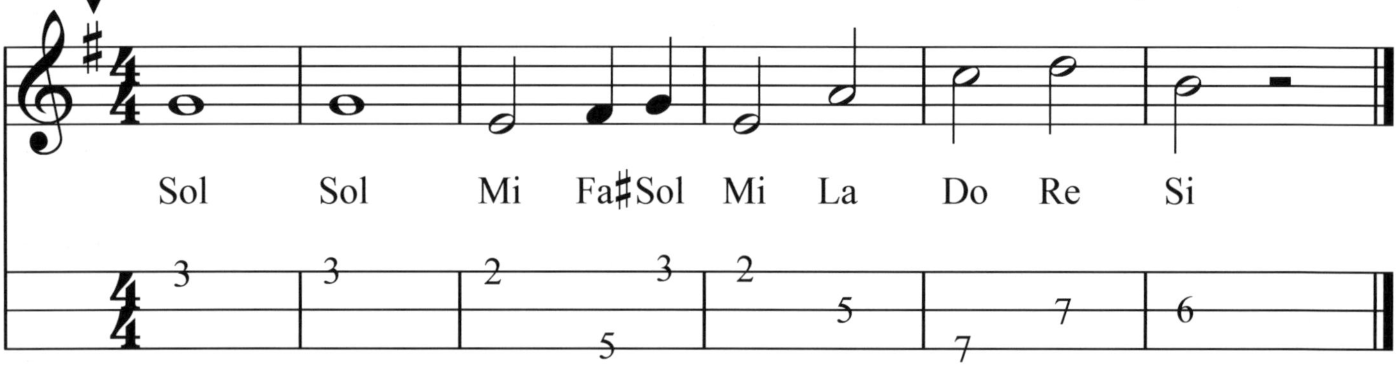

Nota negra con puntito

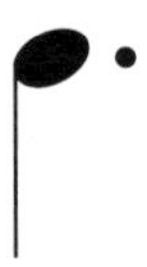

Ésta nota vale un tiempo y medio.

Corchea

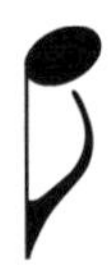

Ésta nota vale medio tiempo o un octavo.

Se le dice **ARMADURA** cuando al principio de cada canción se escribe los sostenidos o bemoles que lleva la música.
La canción "Reencuentro" está en el tono de Re y tiene dos sostenidos; Fa♯ y Do♯.
Además en esta canción vas a tocar con el aire para adentro y para afuera. El primer compás se toca con el aire para adentro. El círculo con el puntito negro te marca el aire para adentro.

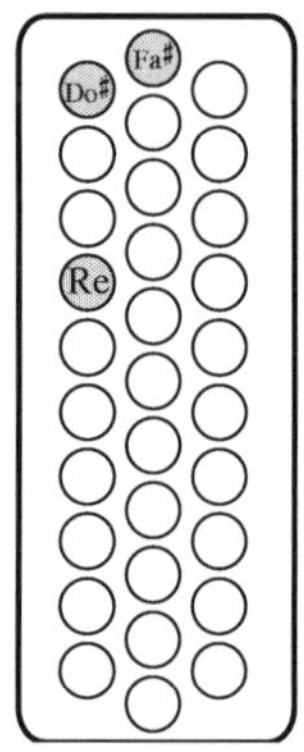

ADENTRO

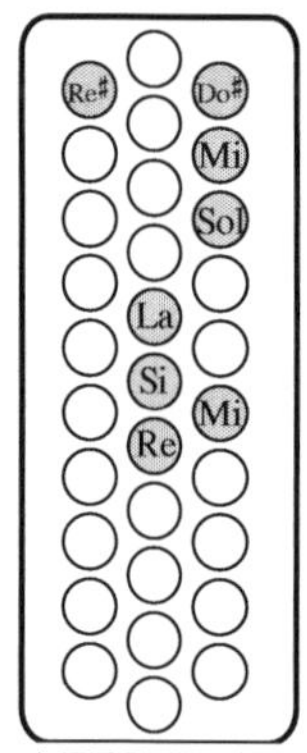

AFUERA

Fa♯
Do♯

Reencuentro

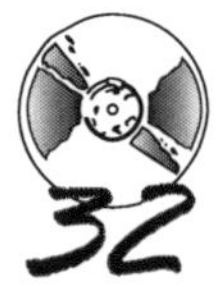

Moderato ♩ = 80

Easy Music School

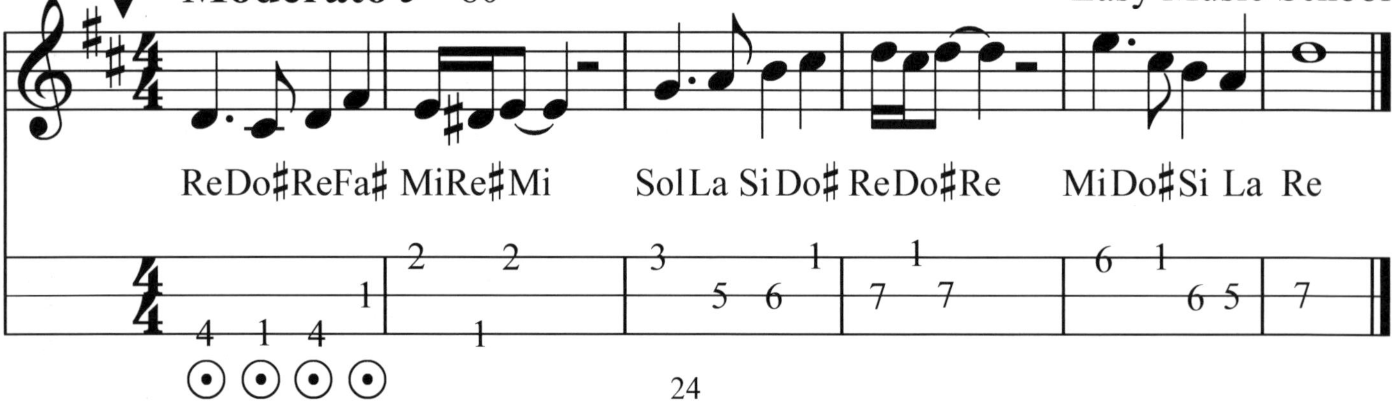

Ésta canción está en el tono de Fa, en la armadura del principio está puesto un bemol (♭) el Si♭, todas las notas de Si se tocan Si♭.
Otra cosa importante es los octavos del primer y quinto compás, hay ocho notas en un compás, y se tocan seguiditas, escucha el CD y la podras tocar mejor.

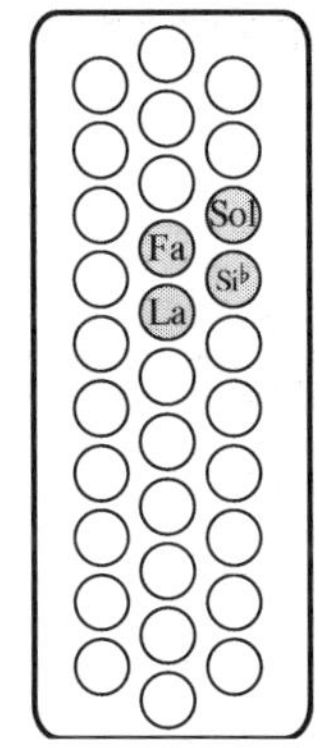

Sueños De Fama

Si♭

Moderato ♩ = 80 — Easy Music School

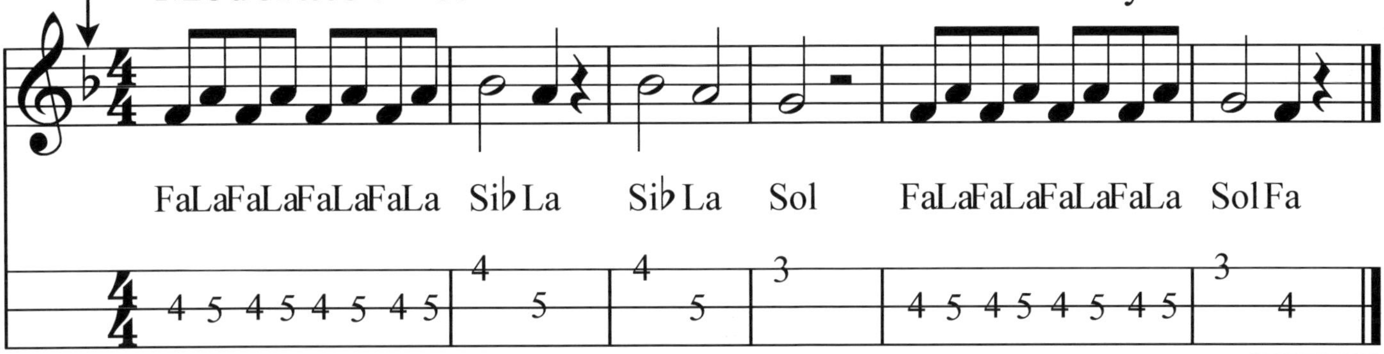

"Respirando Amor" está en el tono de Re Mayor, lleva dos sostenidos, Fa♯ y Do♯, es un poquito mas larga pero igual de sencilla.
Disfruta todas y cada una de las canciónes al tocarlas a tiempo, y recuerda que todo lo que has aprendido te sirve para tocar tu música favorita.

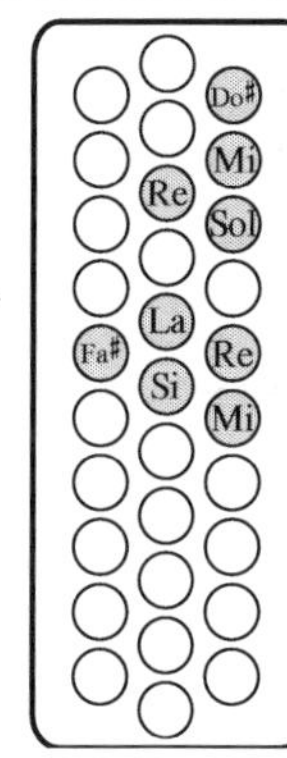

Respirando Amor

RE Mayor

Moderato ♩ = 80 — Easy Music School

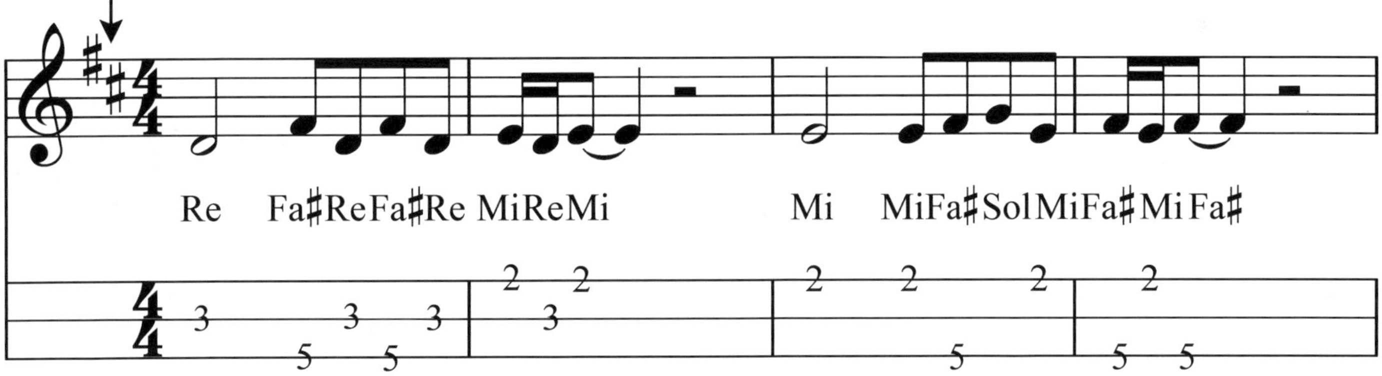

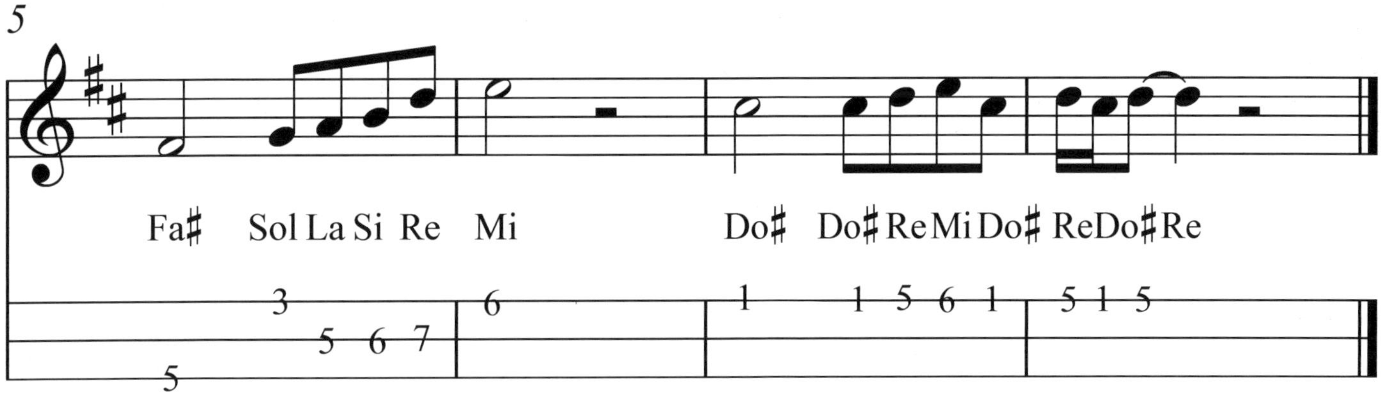

Signos de repetición

Los signos de repetición.

Hay una forma de repetir la música usando unos símbolos de repeticion, son las barritas con dos puntitos que ves en la partitura.

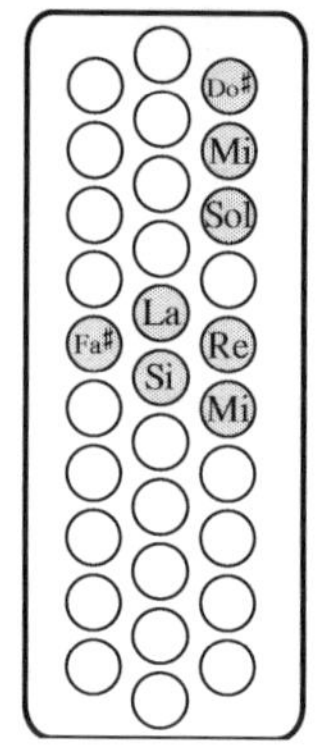

Repite toda la música que este dentro de las dos barras de repetición.

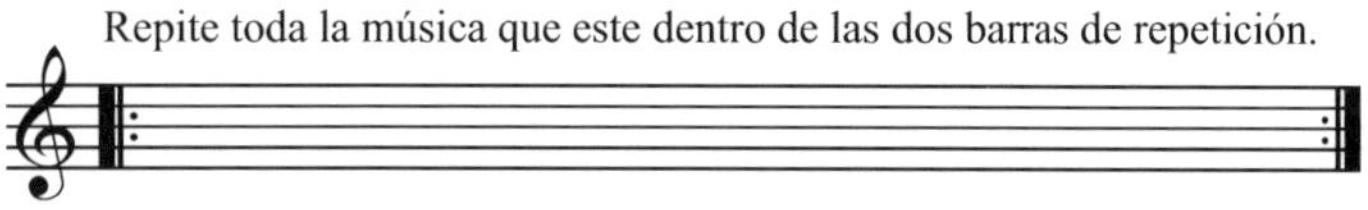

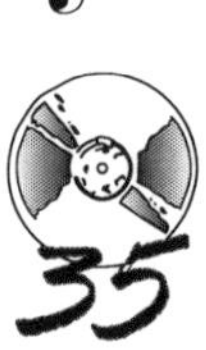

Repitelo Otra Vez

Moderato ♩ = 80

Easy Music School

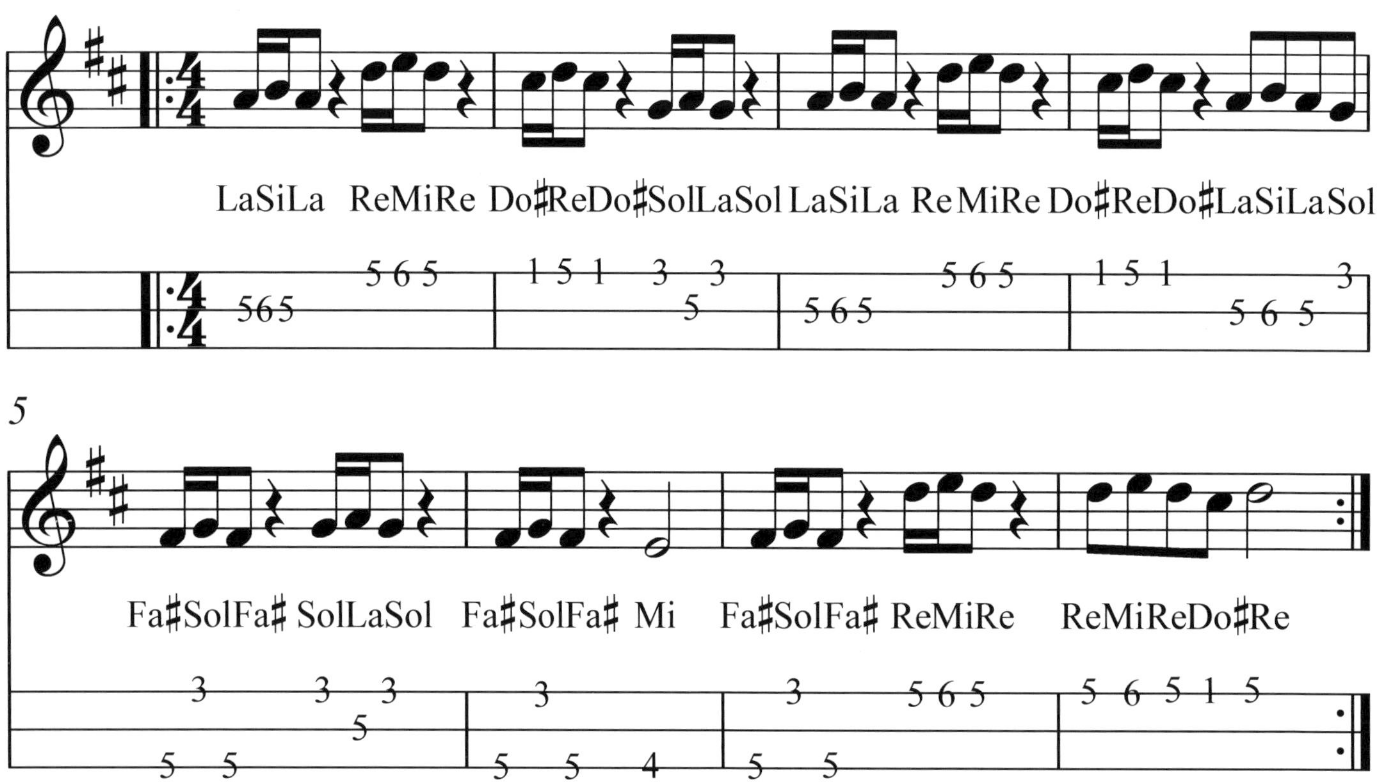

El Motivo.

El motivo es un fragmento de música que se repite durante toda la canción. Pueden ser dos o tres notas, y es muy fácil de ver.
El motivo melódico es cuando se repiten las mismas notas, y por supuesto el mismo ritmo. El motivo ritmico es cuando el ritmo es igual pero las notas son diferentes. La mayoria de canciónes usan motivos para sus melodias.
La quinta sinfonia de Beethoven es una de las piezas mas populares y tiene un motivo de tres notas.

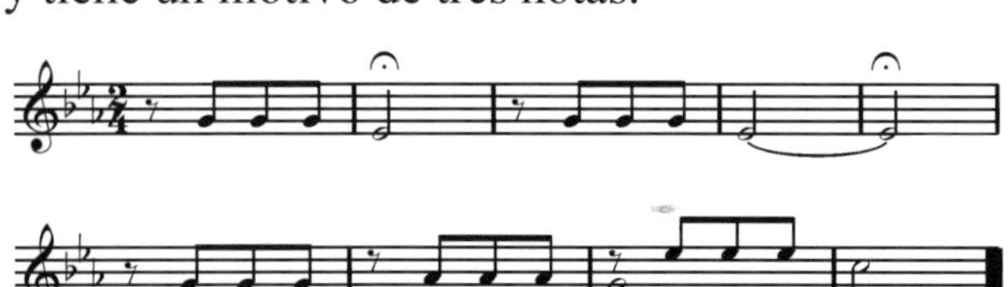

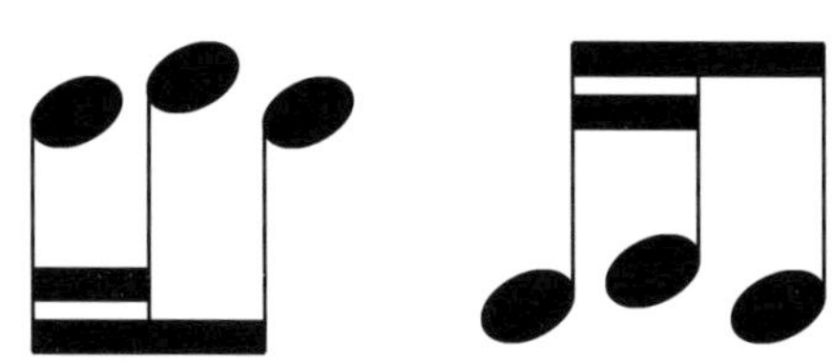

El motivo de ésta canción es dos diesiceisavos y un octavo, es un motivo ritmico porque las notas son diferentes pero el ritmo es igual. Fíjate que la "plica" (La linea vertical que va para abajo o para arriba de las notas) puede ir en cualquier dirección.

Contesta las siguientes preguntas correctamente:
¿En que tono está ésta canción? ___________
¿Cuanto vale la corchea? __________
¿Para que sirven los signos de repeticion? _____________________________
¿Que notas están en el segundo compás? _______________
Con estas respuestas correctas, estás listo para tocar ésta canción.

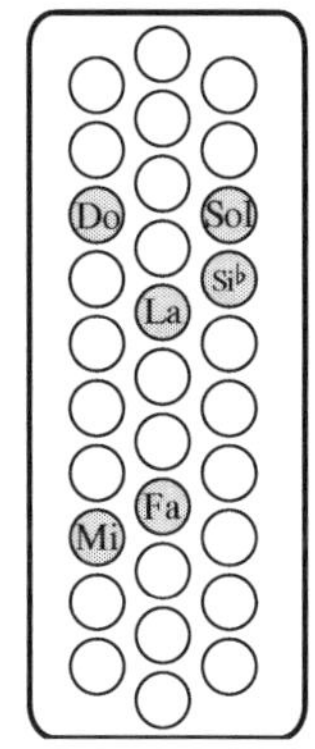

Un Amigo Nada Mas

36

Moderato ♩ = 80

Easy Music School

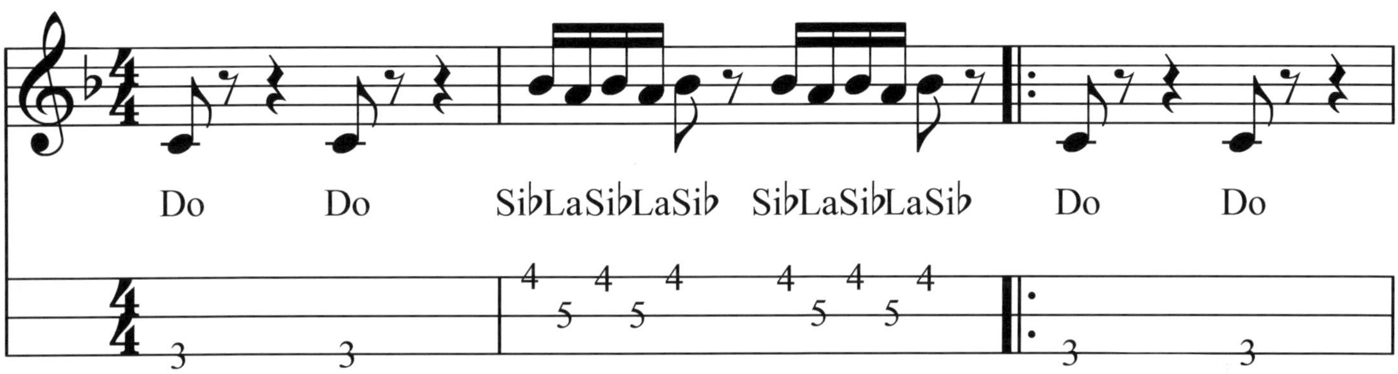

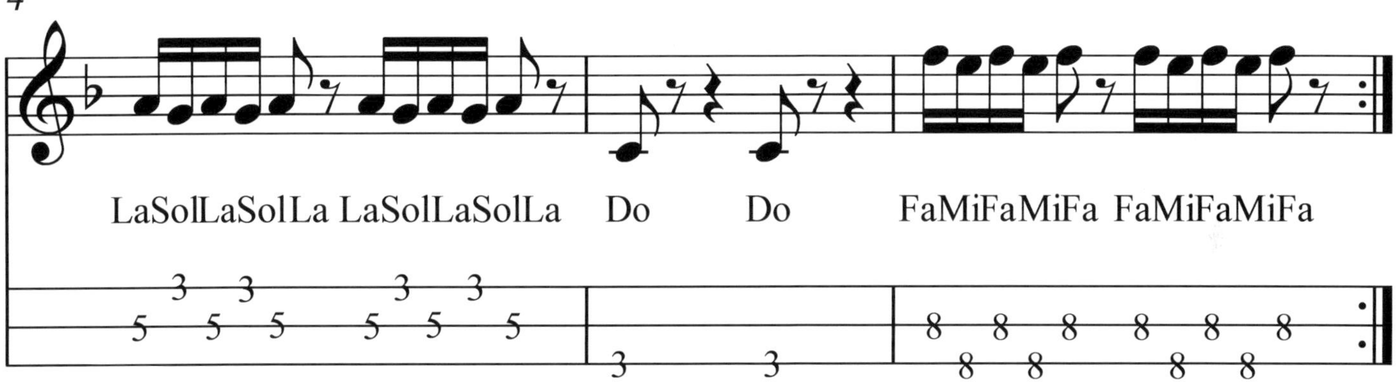

Hay algunos botones que suenan igual, es el caso de Mi, La y Re con el aire para afuera, usa los números para encontrar y tocar éstas notas.

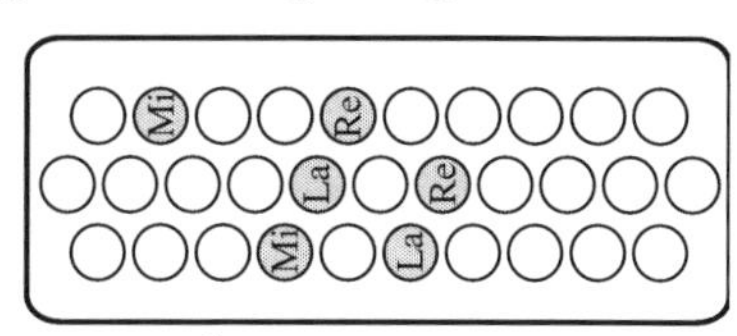

Botones Que Suenan Igual

37

Moderato ♩ = 80

Easy Music School

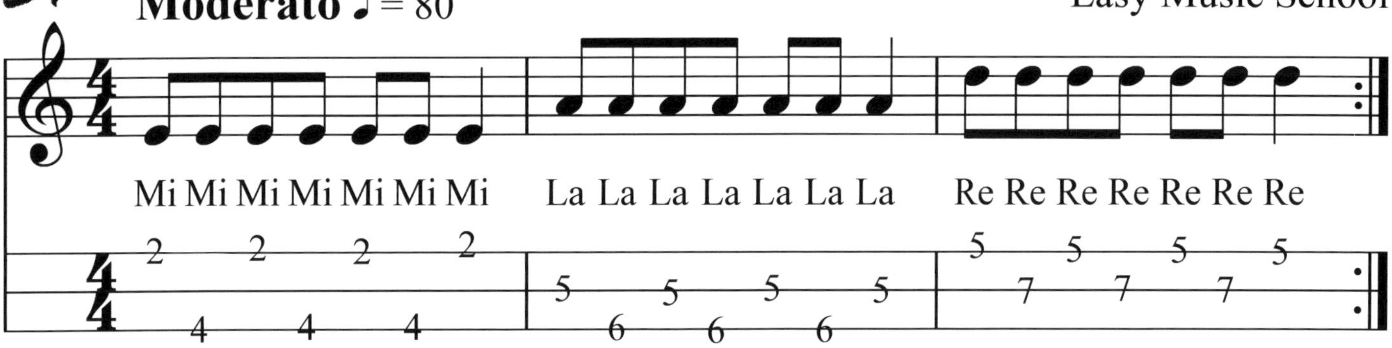

Anacruza y dinamica

Anacruza.

Hay canciónes que en lugar de empezar en el primer tiempo del compás, empiezan en el segundo o en el cuarto, o en cualquier otro tiempo, menos el primero. A ese conjunto de notas que están antes del primer tiempo se le llama **anacruza**. La anacruza puede ser una nota o varias notas. Ésta canción tiene una nota en el cuarto tiempo. El primer compás es donde empieza la nota de Do.

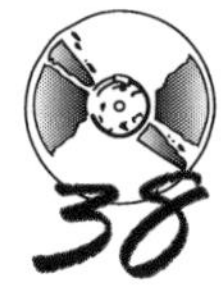

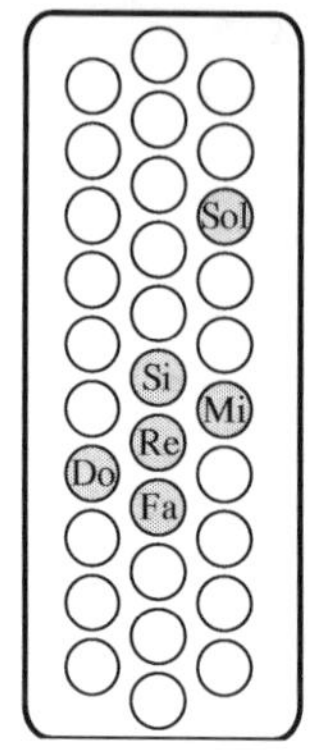

Marcha Naval

Anacruza

Moderato ♩ = 95

Easy Music School

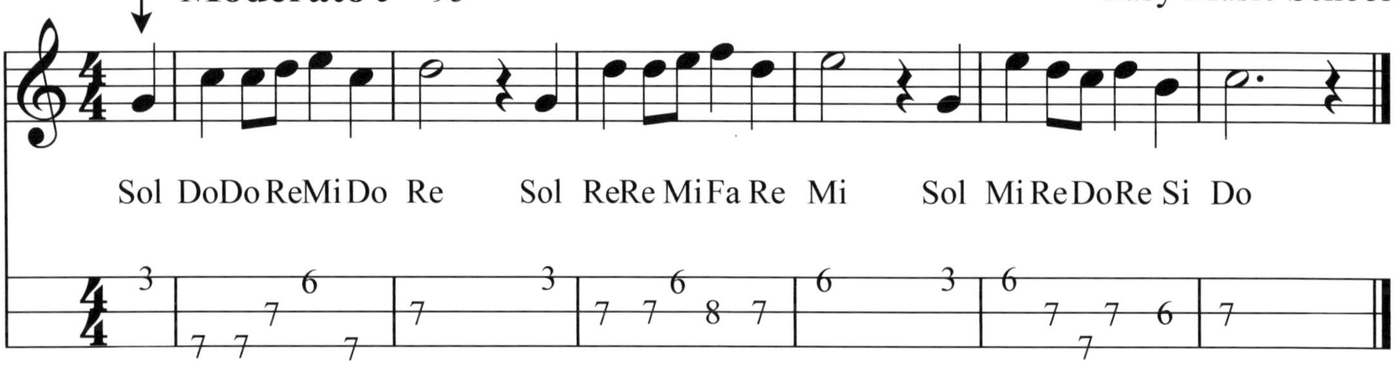

Como has visto, cada canción tiene la grafica del acordeón con las notas que debes tocar, antes de comenzar a aprenderte la canción, lee las notas y buscalas en la grafica, así estaras más familiarizado con las notas que debes tocar.
La anacruza de ésta canción lleva dos notas, La y Re.

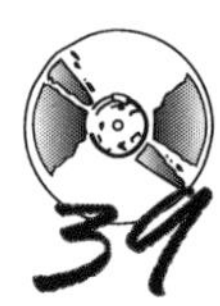

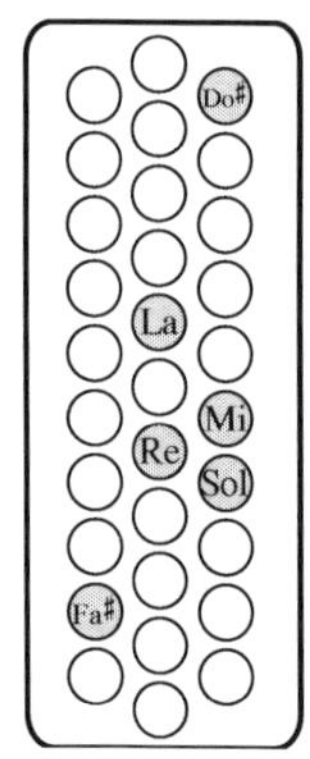

Una Triste Canción

Anacruza

Lento ♩ = 60

Easy Music School

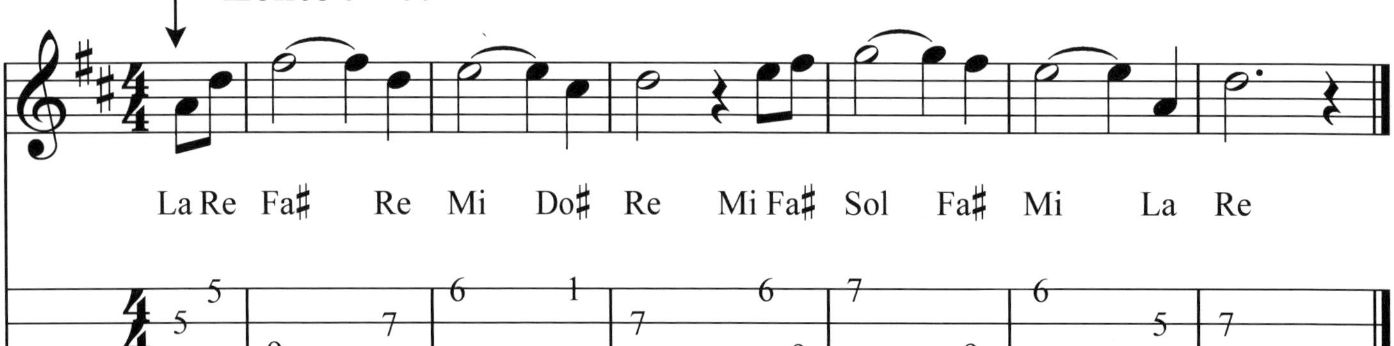

Dinamica.

La dinamica te explica los símbolos que se usan en la música para que sepas cuando tienes que tocar con diferente volúmen. Siempre que escuchas música a veces se escucha muy fuerte o a veces muy quedito, pues en la música hay letras o palabras para decirte como debes de tocar.

En el acordeón casi no se nota el volumen muy fuerte o muy quedito, pero es bueno que conoscas los simbolos que se usan, en casa de que algun dia quieras tocar otro instrumento.

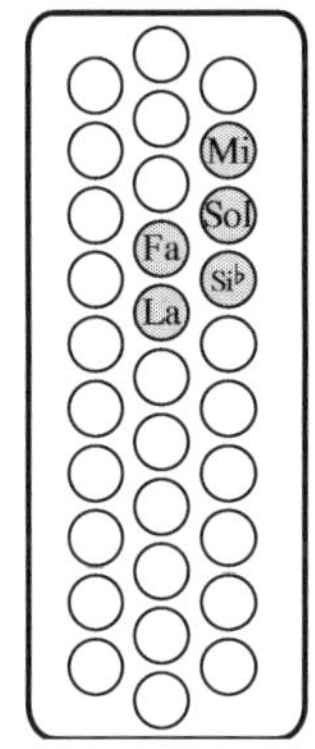

Di Que Si

40

Moderato ♩ = 80

Easy Music School

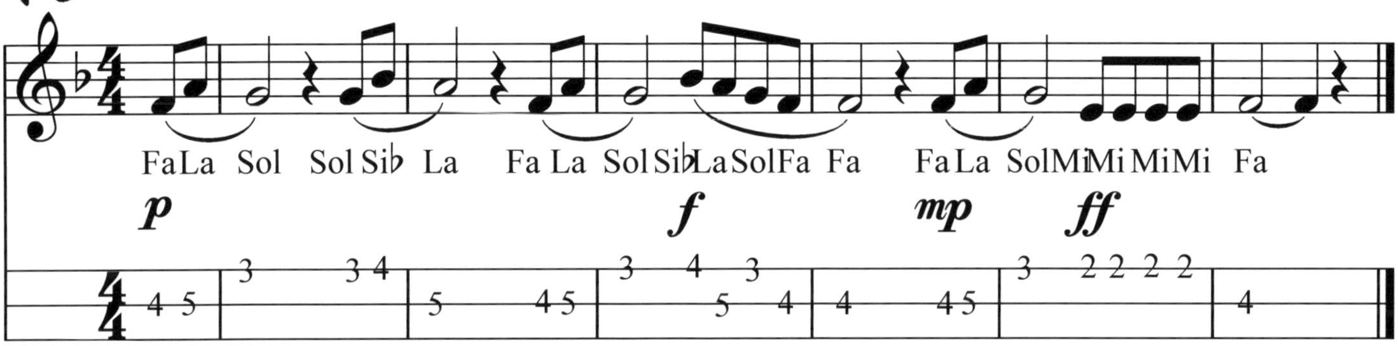

pp	*pianissimo*	Toca muy bajito de volumen, que apenas se oiga.
p	*piano*	Bajito de volumen, pero no tanto.
mp	*mezzopiano*	Medio bajito, poquito mas fuerte que *piano*.
mf	*mezzoforte*	Medio fuerte, poquito menos fuerte que *forte*.
f	*forte*	Fuerte de volumen, que se oiga.
ff	*fortissimo*	Ahora sí, toca muy fuerte, fuertisimo.

crescendo

Quiere decir "creciendo", o sea que cada vez tocas mas fuerte.

decrescendo

Quiere decir "decreciendo", en éste caso poco a poquito le vas bajando el volúmen. Vas tocando mas bajito.

Es bueno que tengas una idea de la dinamica, y aun cuando no se note mucho, de cualquie manera trata de tocar quedito o fuerte, depende de como jales el abanico para agarrar aire.

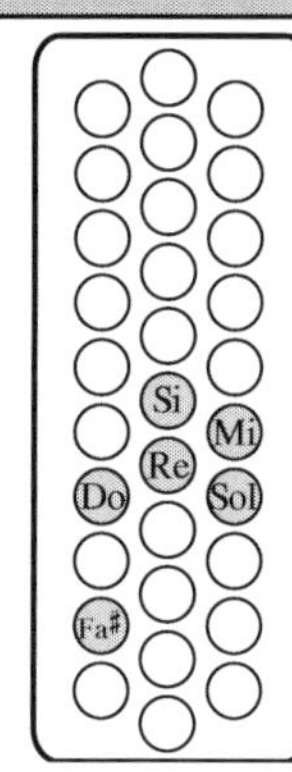

La Brisa De Verano

41

Moderato ♩ = 95

Easy Music School

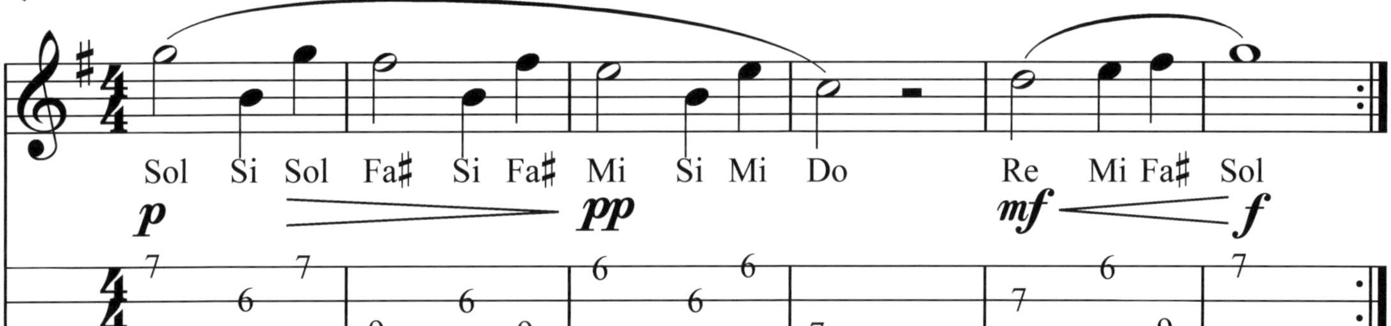

Arpegios

En el acordeón de Sol.

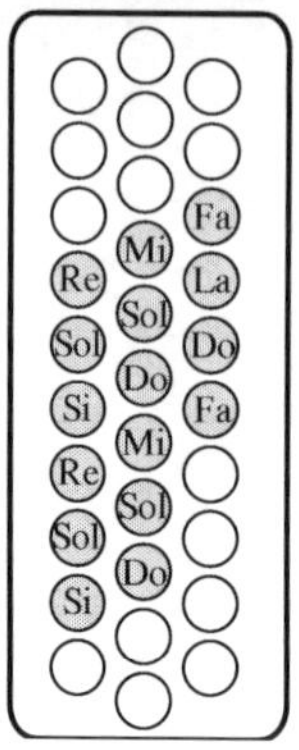

El acordeón de Sol tiene los botones acomodados de una forma muy fácil para hacer arpegios, un arpegio es cuando tocas las notas de un acorde, de una por una.
Al empujar el ábanico para adentro se produce el sonido del arpegio, simplemente tocando cualquier boton de la misma linea.

42

Dos Arpegios

Moderato ♩ = 100

Easy Music School

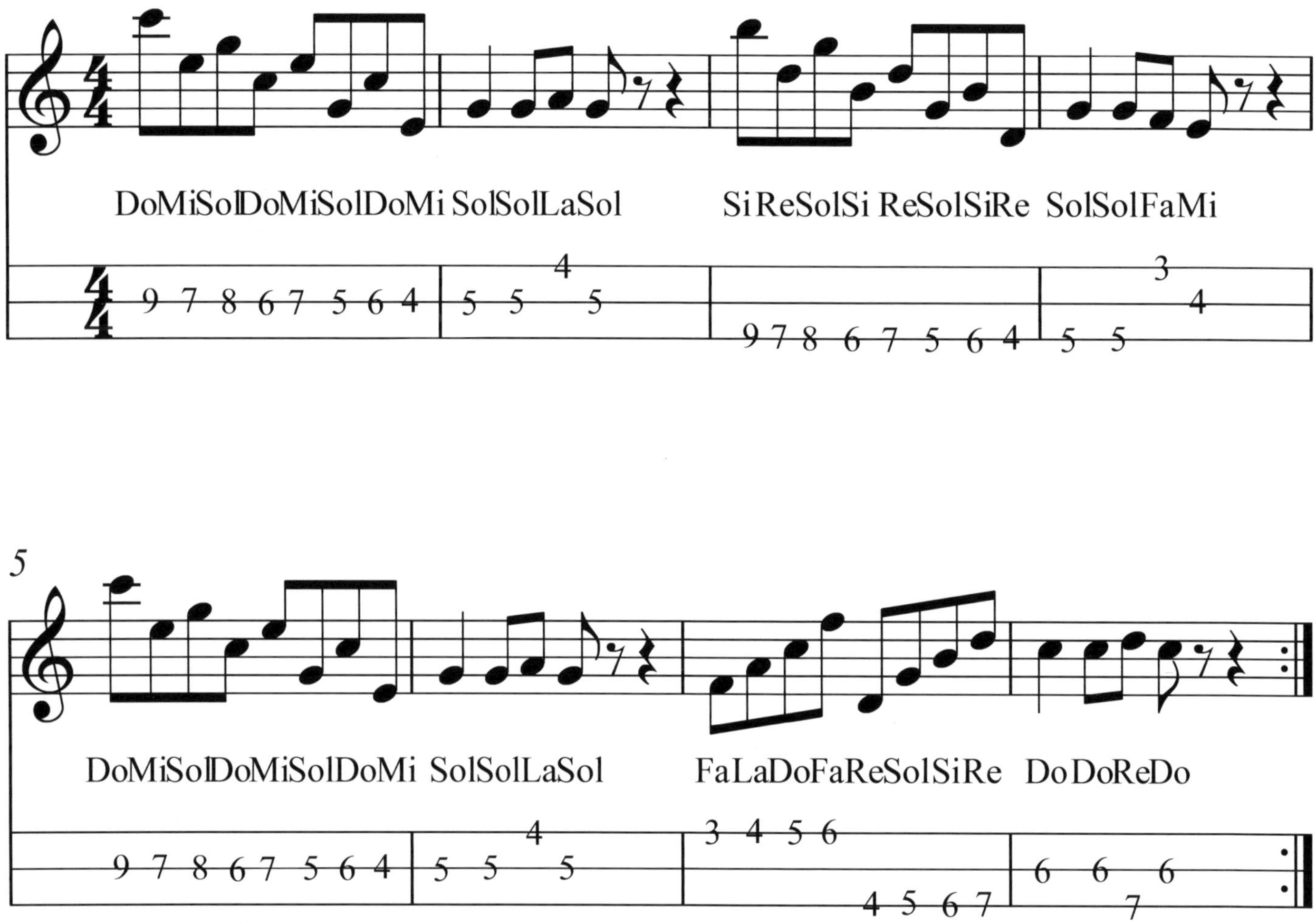

El acorde de Do tiene tres notas; Do-Mi-Sol.
La línea del centro tiene éstas notas en todos los botones (Exepto el primer boton de cada linea, ese no cuenta).
El acorde de Sol tiene las notas de; Sol-Si-Re, que están en la primer linea.
Y por último el acorde de Fa es; Fa-La-Do, las notas se encuentran en la tercer hilera.

El ritmo de cumbia es muy sencillo, escucha el CD para que lo toques a tiempo.
En el segundo compás hay un acorde. Tocas los tres botones al mismo tiempo, por eso están los números 3-4-5 muy juntitos en la misma linea. Y lo mismo pasa en el cuarto compás tocando los botones 2-3-4.

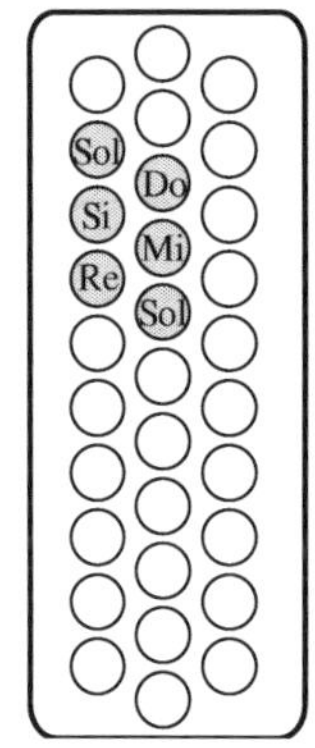

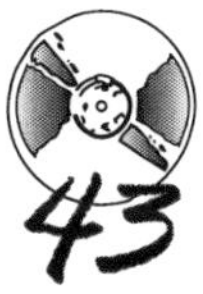

Ritmito De Cumbia

Cumbia ♩ = 95

Easy Music School

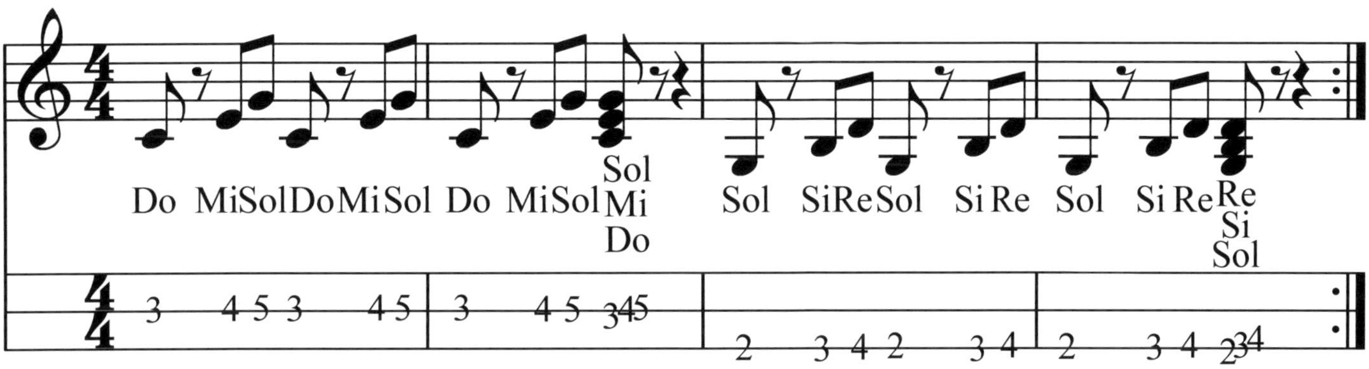

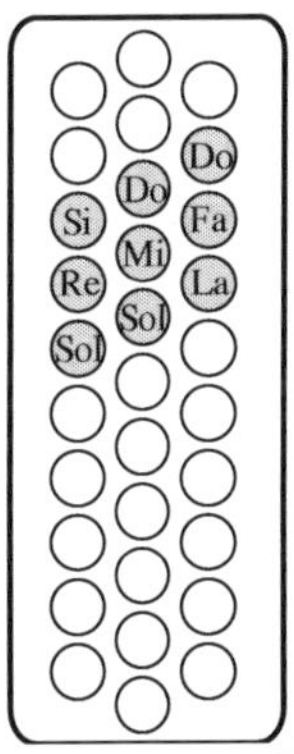

En el primer compás está el acorde de Do, con las notas Do-Mi-Sol.
El segundo compás se repite el acorde de Do, el aire para afuera.
El tercer compás cambia al acorde de Sol, con las notas, Si-Re-Sol.
El cuarto compás sigue el mismo acorde de Sol.
El quinto compás es con el aire para adentro y tocas el acorde de Do.
El sexto compás es el acorde de Do otra vez.
En el septimo está el acorde de Fa y en el octavo el acorde de Sol.

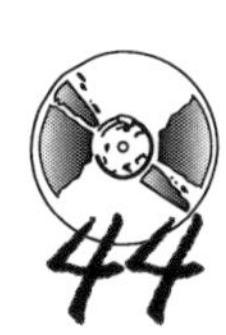

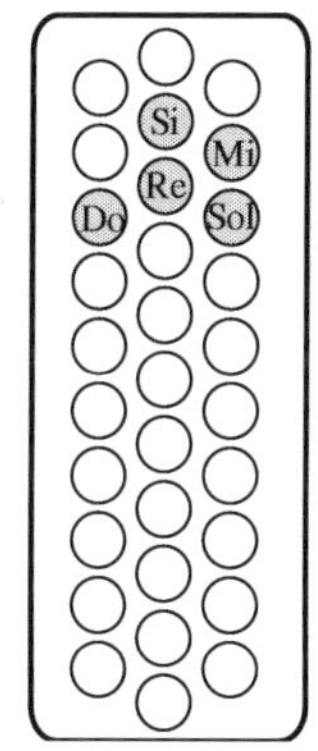

Ritmo Grupero

Grupero ♩ = 110

Easy Music School

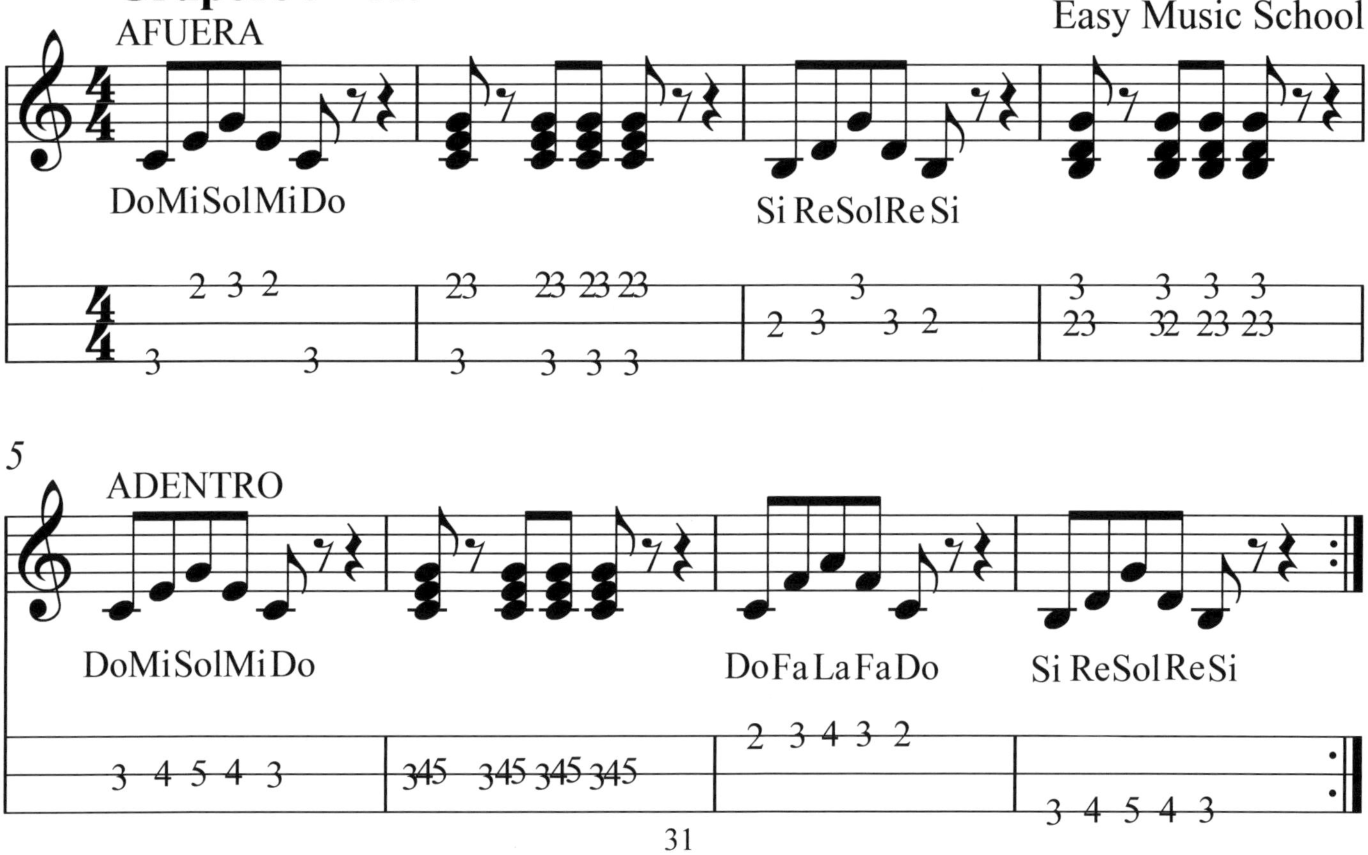

Dos notas al mismo tiempo

Intervälos.

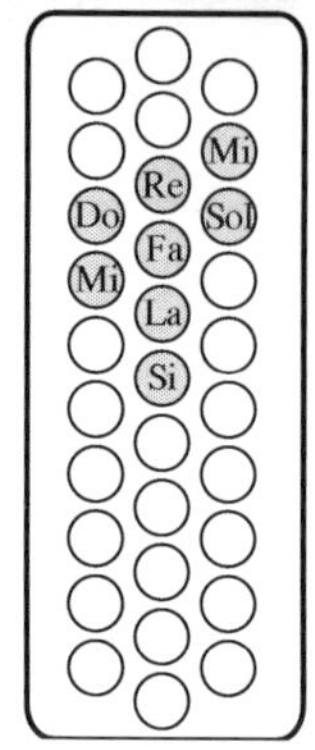

Cuando tocas dos notas al mismo tiempo se le llama intervälos. Un intervälo es la distancia que hay entre dos notas. Por ejemplo; de Do a Mi hay una distancia de tres notas (Do-Re-Mi) por eso se le dice que es una tercera. El acordeón normalmente toca con dos botones, o sea con terceras.

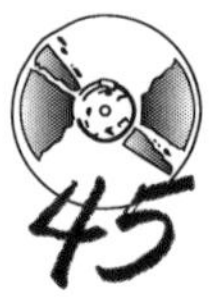

Mi Pareja Ideal

Easy Music School

Moderato ♩ = 95

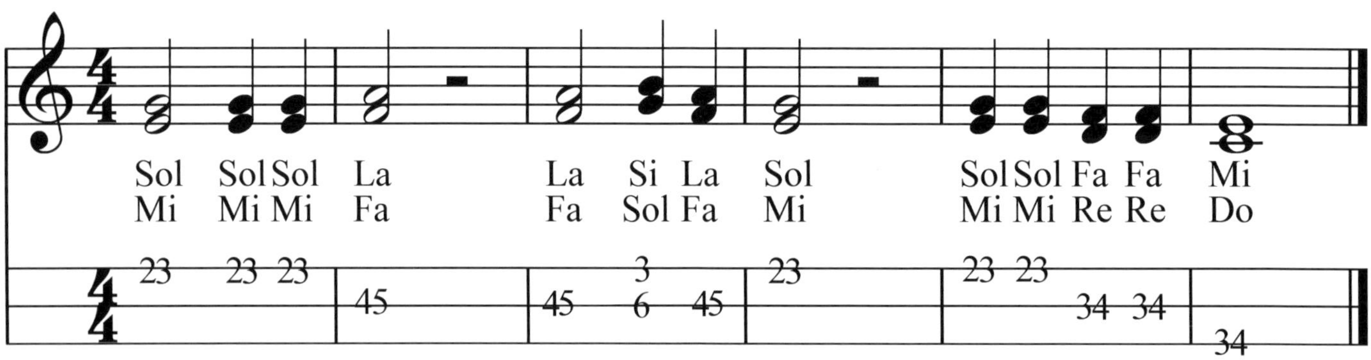

Terceras.

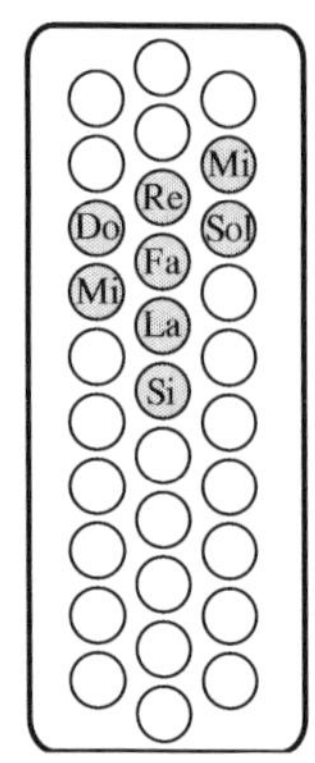

Otra canción con terceras, fíjate que tocas tres o cuatro notas y hay un silencio de dos tiempos, luego tocas otro poquito y hay otro silencio, los silencios son para que puedas jalar aire, de esa forma puedes tocar toda la canción con el aire para afuera.

En el acordeón hay un botoncito que lo aprietas para que salga el aire y puedes cerrar el abanico más rapido.

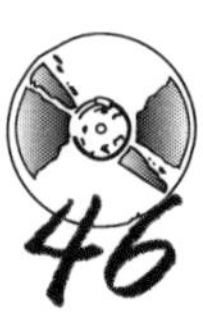

Mi Ranchito

Moderato ♩ = 95

Easy Music School

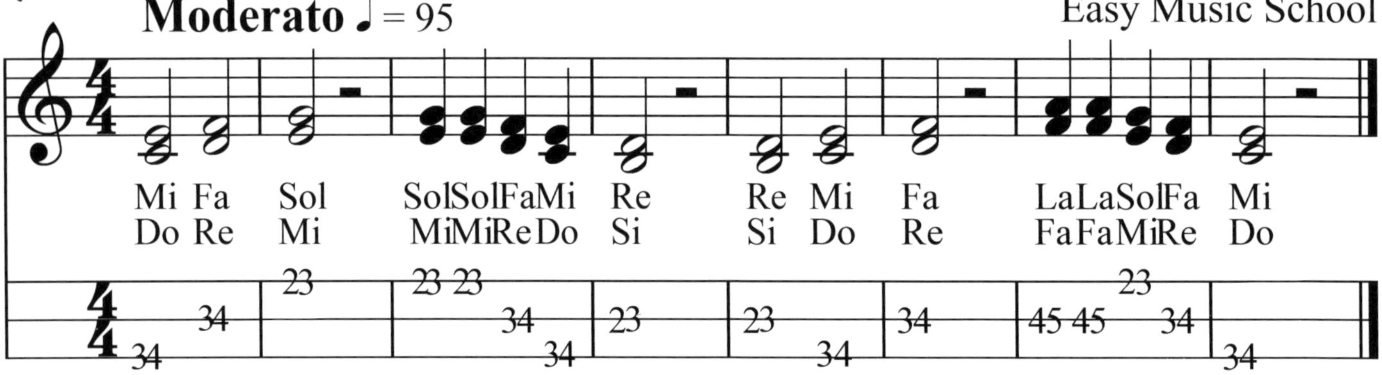

En la canción “Mil Espejos” vas a ver el mismo patron de las terceritas, las notas siempre van a estar juntas, fíjate bien en el pentagrama y verás que las notas están una encima de otra, línea-línea o espacio-espacio, y también vas a ver que la melodía está en la parte aguda del acordeón.

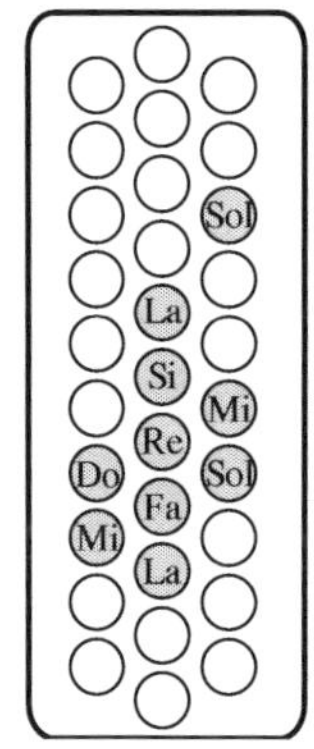

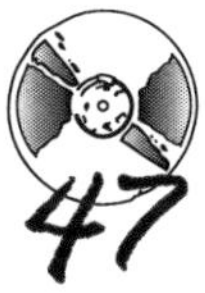

Mil Espejos

Moderato ♩ = 95

Easy Music School

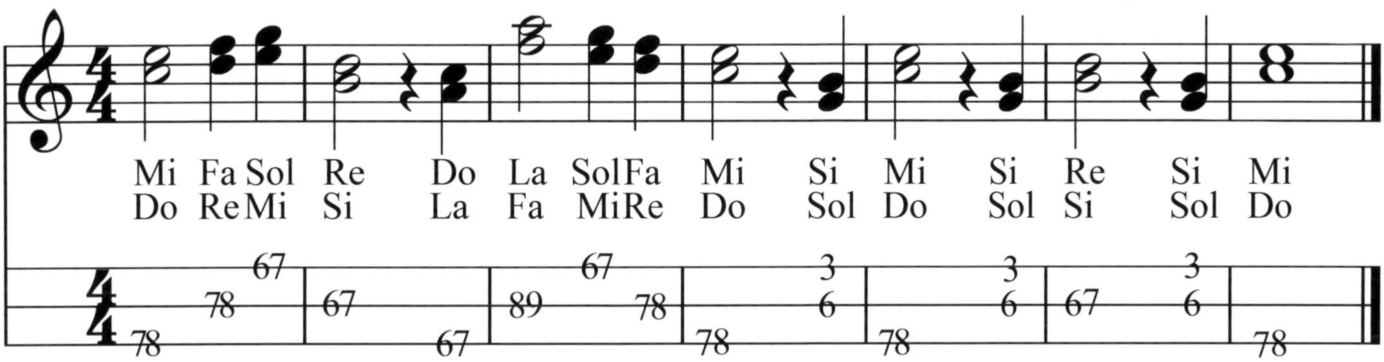

Ésta canción está en el tono de La menor, por eso lleva el Sol♯. Hay un solo boton en el que puedes tocar el Sol♯, y es el primer boton de la hilera de en medio. Los números te ayudan a tocar más fácil, pero poco a poco acostumbrate a ver la notas del pentagrama, y no solamente los números.

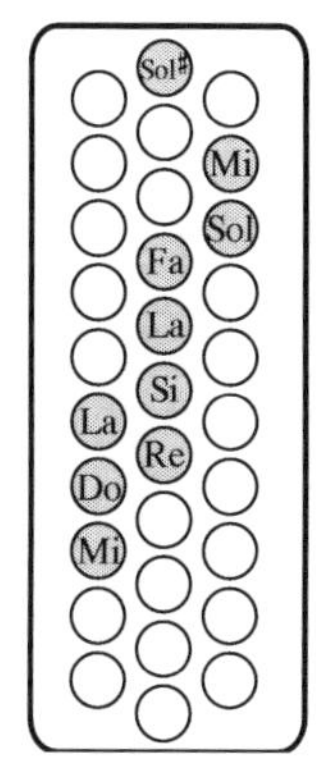

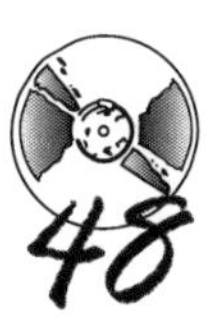

Mi Malagueña

Allegro ♩ = 120

Easy Music School

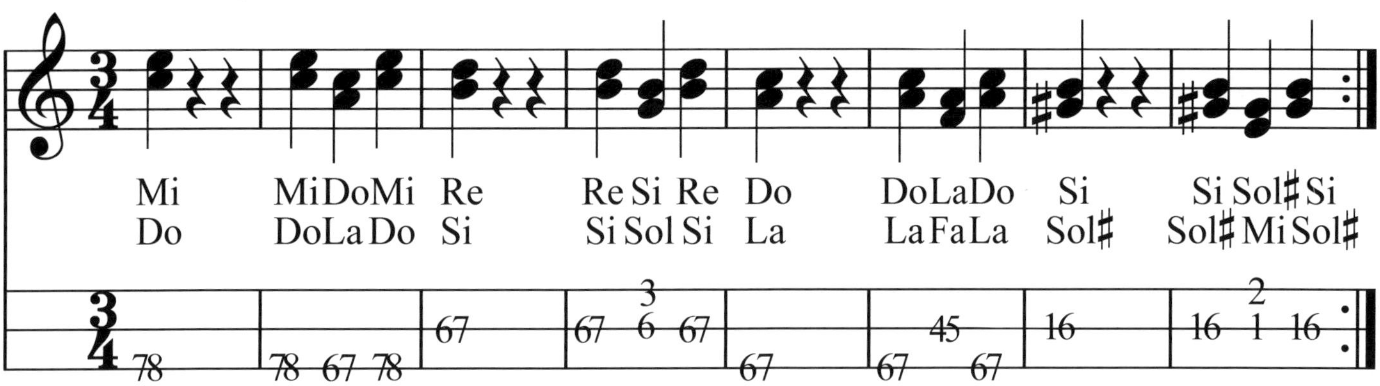

Sextas.

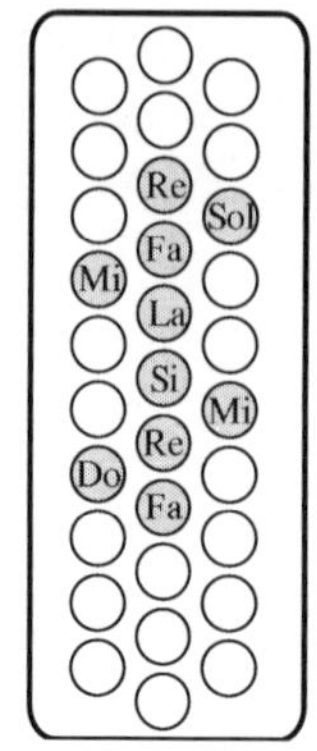

Cuando la distancia entre dos notas es más grande que una tercera, normalmente en la música de acordeón se usan las sextas. Si te fíjas en el pentagrama, se ve la diferencia entre las sextas y las terceras, y por supuesto que se oye diferente.
Disfruta de éstas canciónes en sextas.

Detras De La Cerca

49

Rapido ♩ = 140

Easy Music School

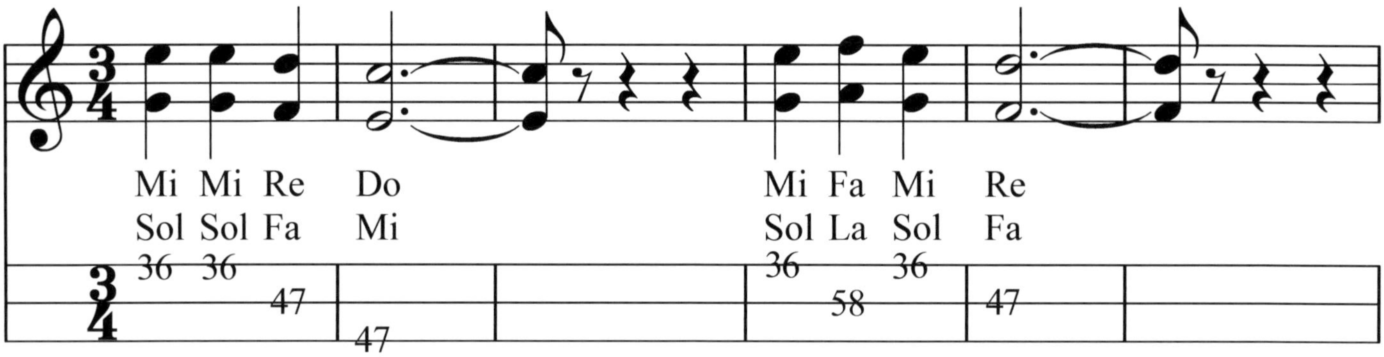

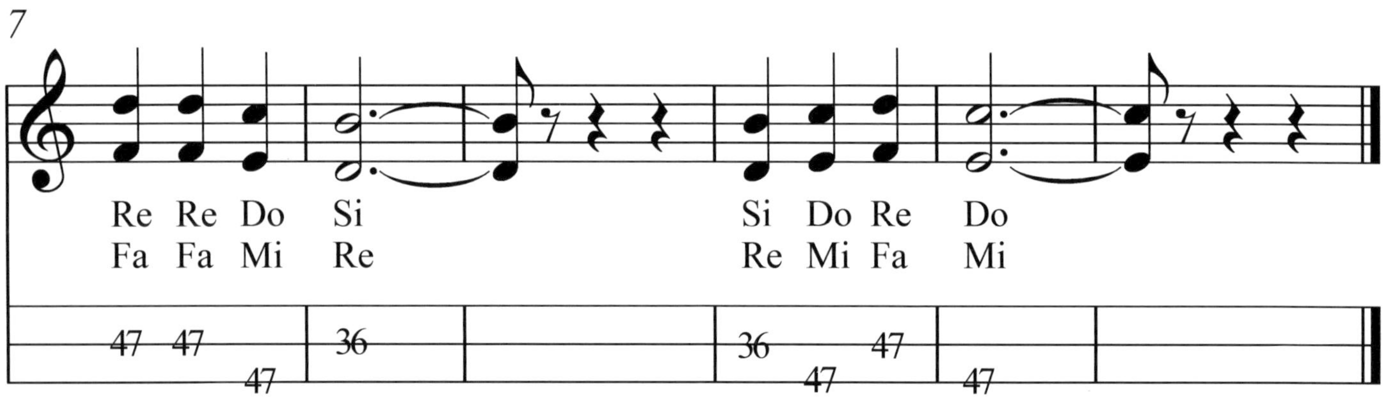

"Al Final" es una canción sencilla como para hacer el final de una canción.
Una vez que ya la puedas tocar bien, te recomiendo que la toques lo más rapido que puedas, de esa manera vas a practicar las sextas mejor.

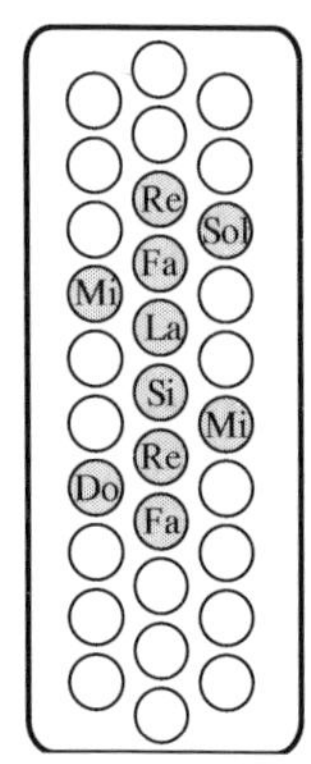

El Final

50

Rapido ♩ = 160

Easy Music School

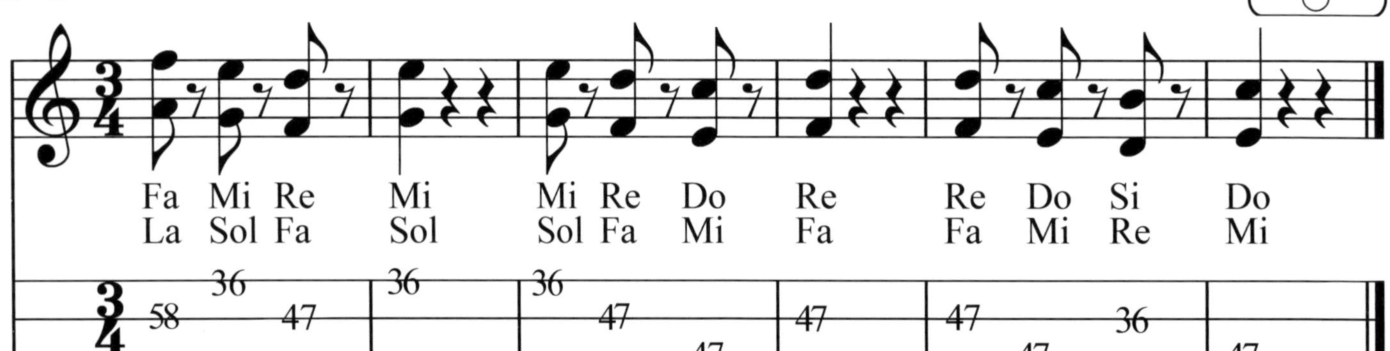

El ritmo de 3/4 se usa para las canciónes rancheritas, o valceadas, y se cuenta un-dos-tres, un-dos-tres.
Al principio de la canción dice Rapido, pero en realidad a la hora de tocar la canción, no va tan rapido. Lo que sucede es que el tiempo del metronomo va rapido, pero las notas son largas, como de dos tiempos o un tiempo. La mejor forma de oir como va es con el CD.

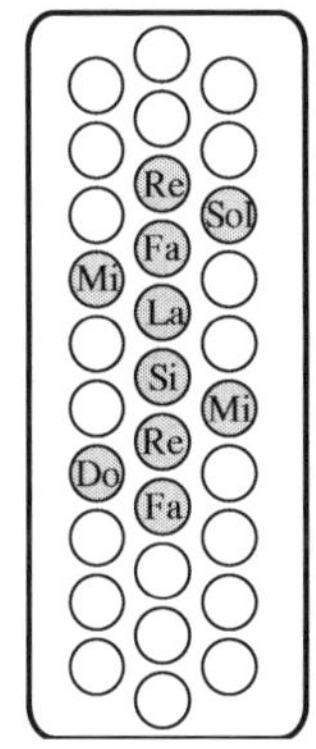

El Sexto Dia

51

Rapido ♩ = 150

Easy Music School

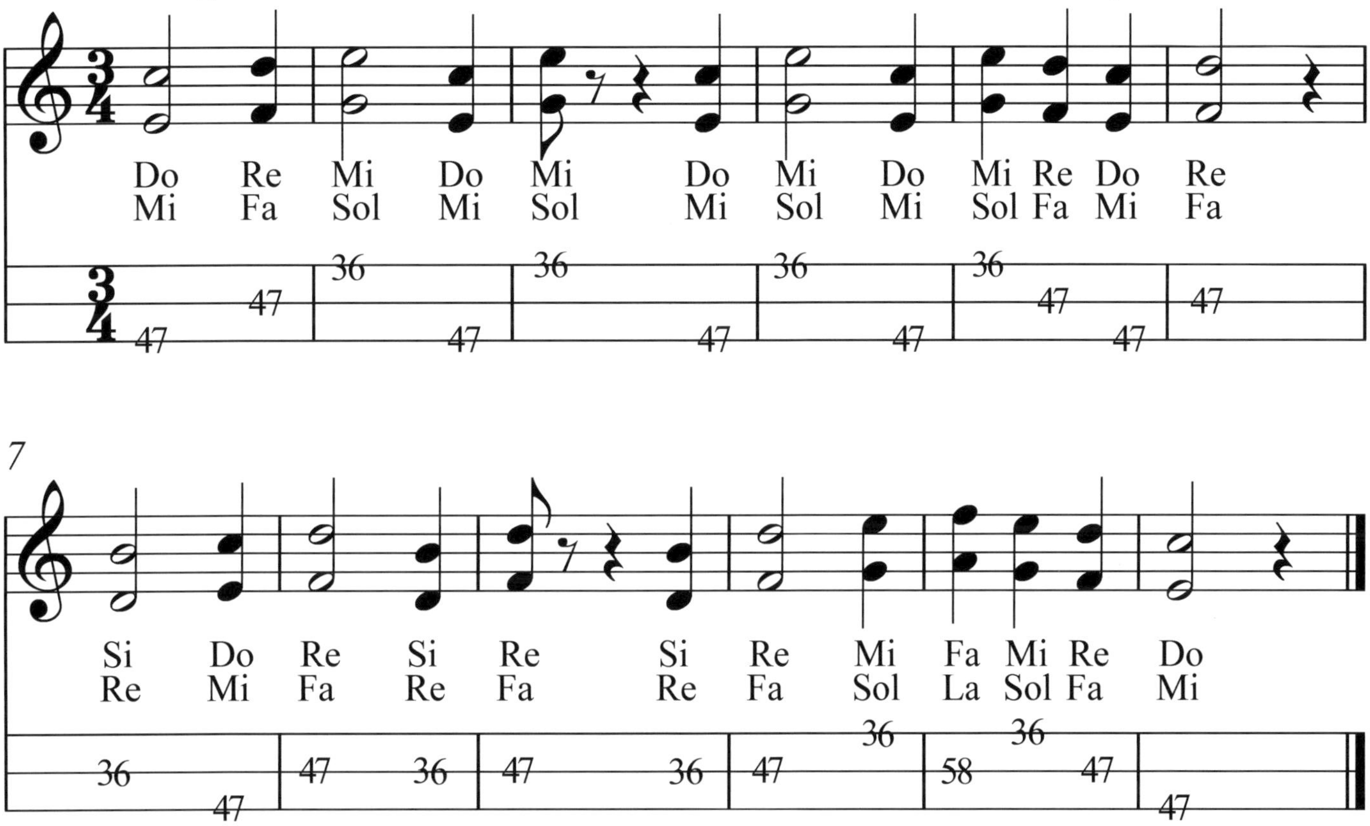

Ésta es una variación de la canción “Al Final”, con algo de adornitos, toda la melodia es con sextas.
Repasa una vez más las canciónes en terceras y en sextas, para que te aprendas bien la diferencia entre un intervalo y el otro.

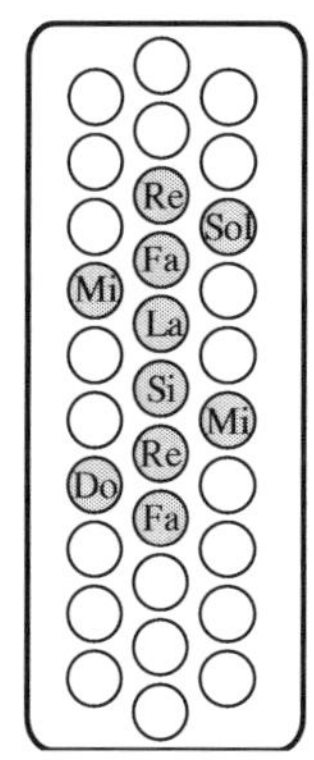

Al Final Del Camino

52

Rapido ♩ = 160

Easy Music School

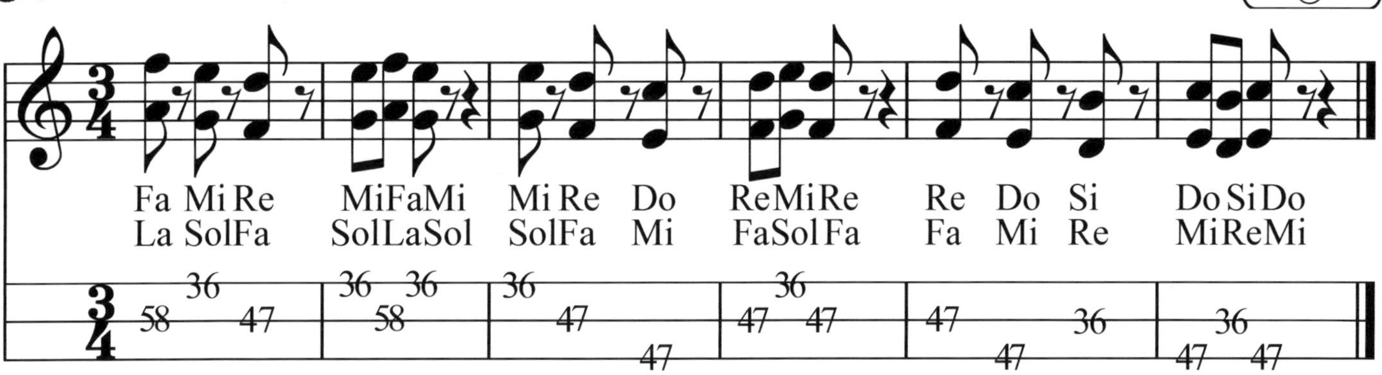

Canciónes más largas.

Con todo lo que has aprendido, ésta canción es fácil.

53

Himno A La Alegria

Allegro ♩ = 100

Easy Music School

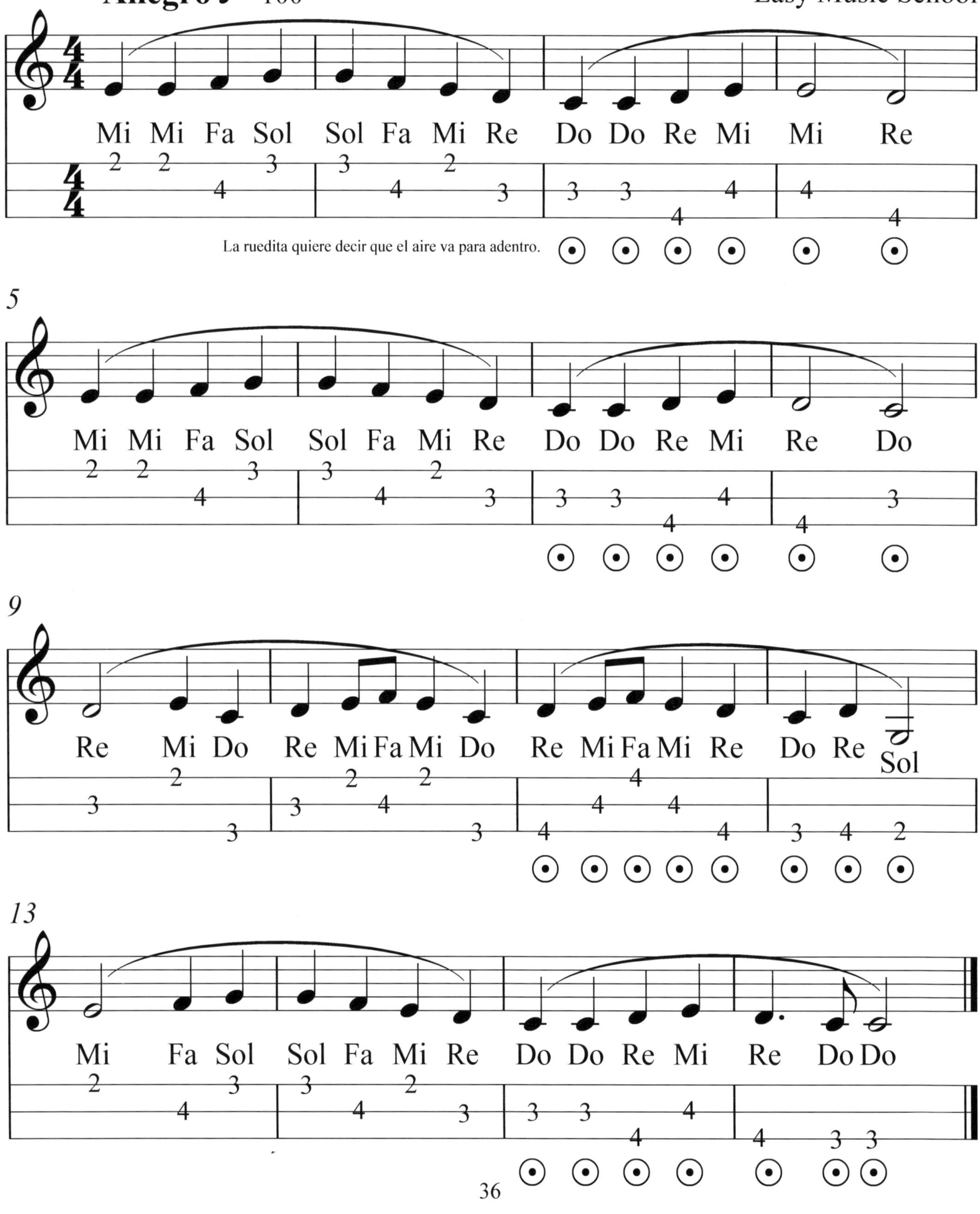

La Cucaracha

54

Allegro ♩ = 125

Easy Music School

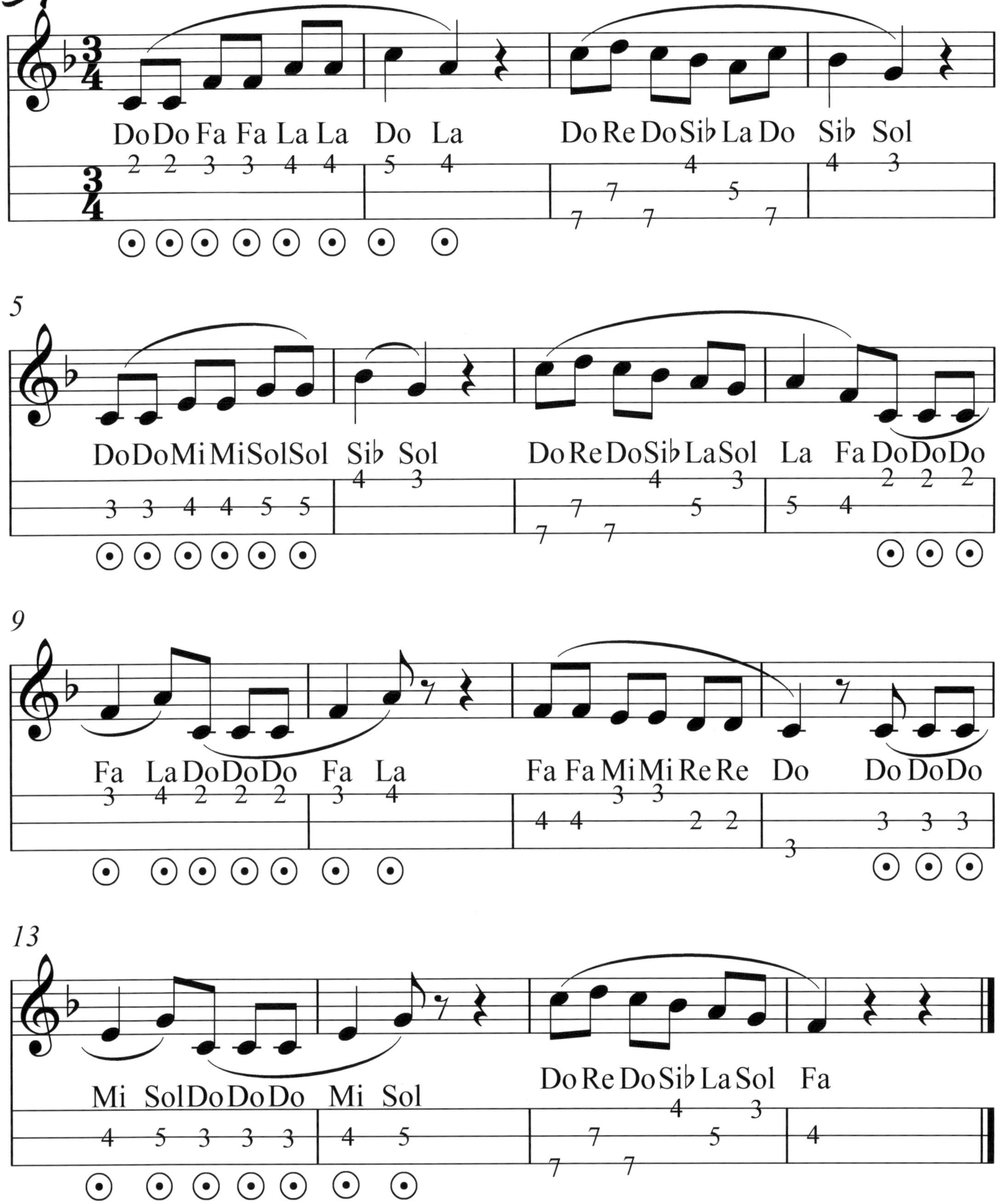

El acordeón no es un instrumento que se use para tocar canciónes como "La Cucaracha" o "Himno A La Alegria", pero es un buen ejemplo para que veas que sí se pueden tocar melodías de ésta forma, La unica cosa es que hay que tocar con el aire para afuera y para adentro. En la música norteña casi todo se toca con el aire para afuera.

Adornos y más adornos.

La principal función del acordeón es hacer adornos en una canción. Desafortunadamente los adornos son rapiditos y para un principiante son díficiles de hacer porque no tiene la rapidez necesaria en los dedos, pero en éste libro te voy a poner adornos para introducciones, para la mitad de la música y para los finales. Los adornos van a ser lo más sencillos posibles pero hay algunos un poco latosos de tocar, si los tocas muchas veces va llegar el momento en que los puedas hacer bien.

Intro.

La introducción de una canción es muy importante, son melodias contagiosas y repetitivas para que le gente reconosca que canción es, en tan solo pocos segundos.

55 **Norteña** ♩ = 102

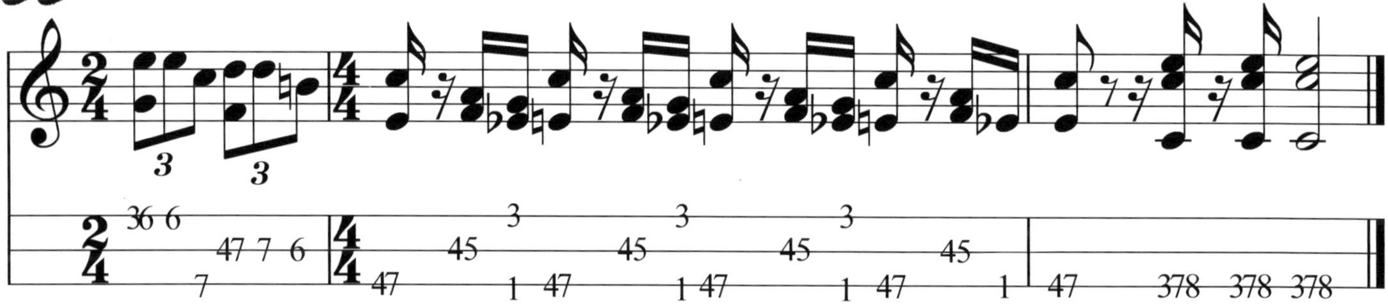

56 **Corridita** ♩ = 152

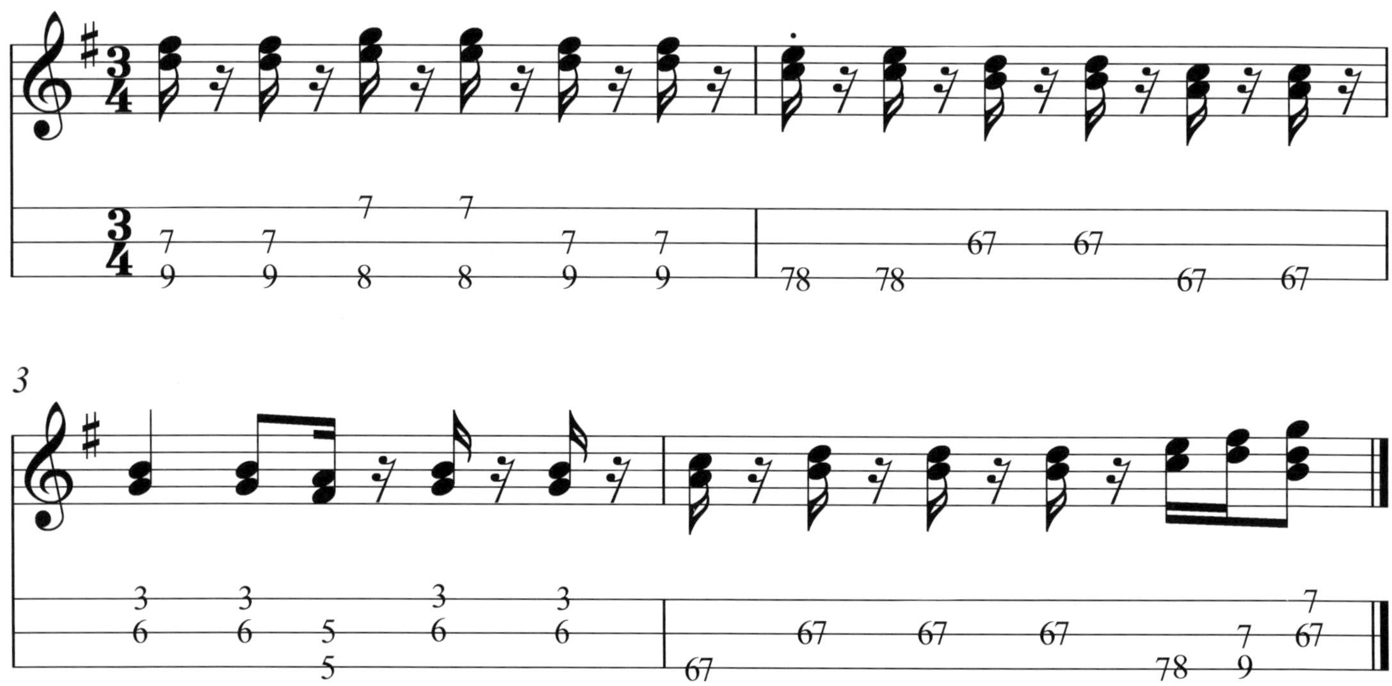

57

Cumbia ♩ = 82

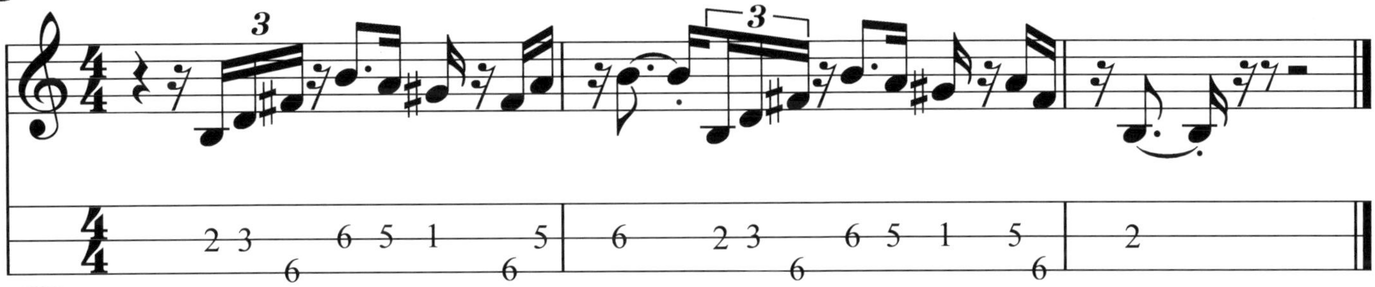

58

Norteña ♩ = 158

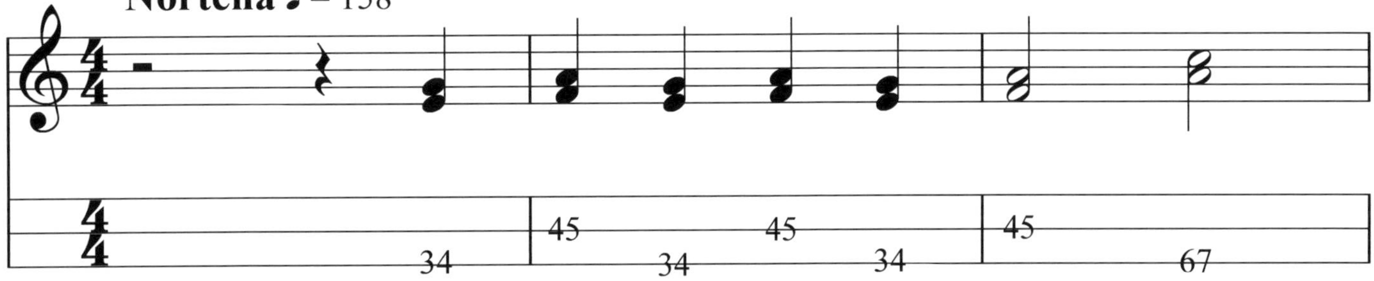

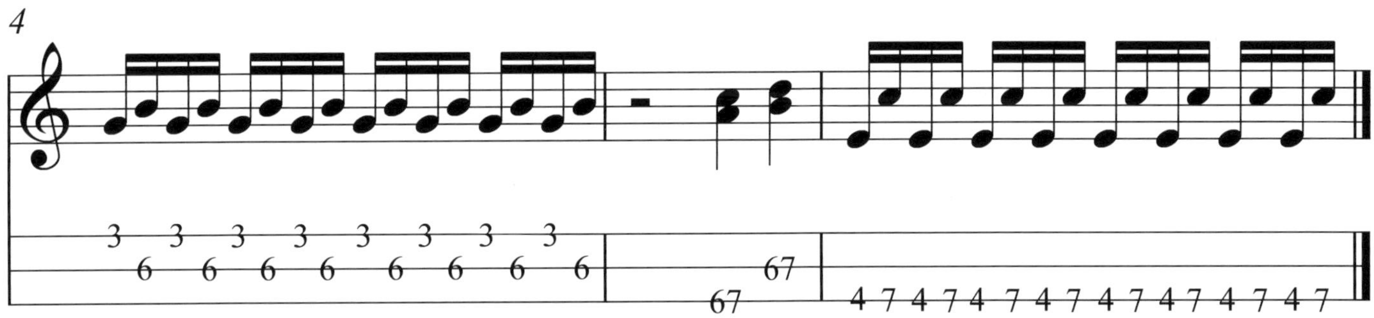

59

Norteña ♩ = 89

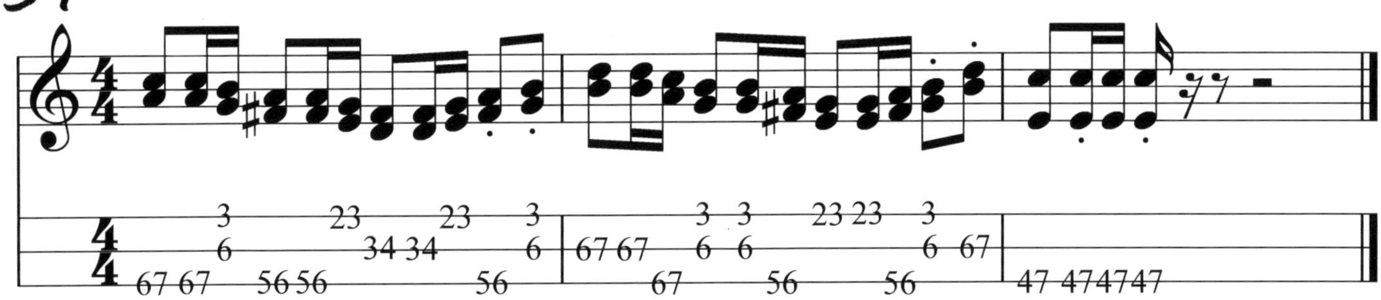

60

Grupera ♩ = 85

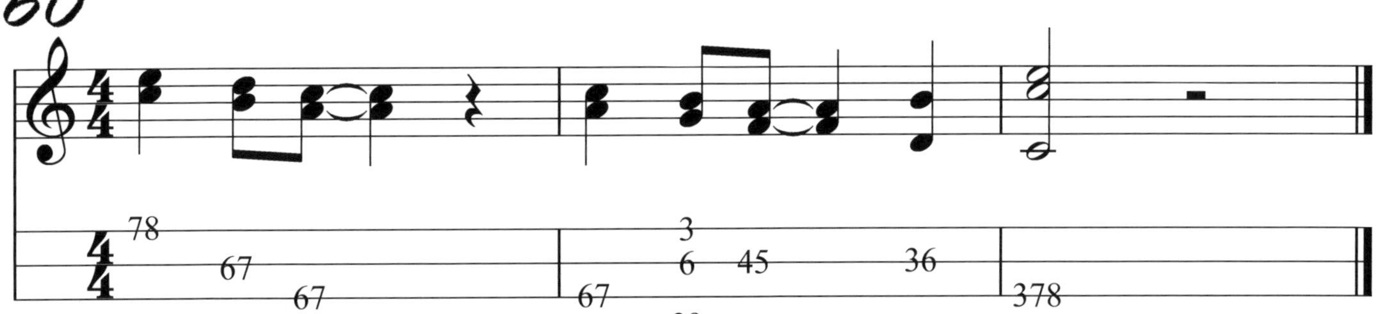

61 **Norteña** ♩ = 90

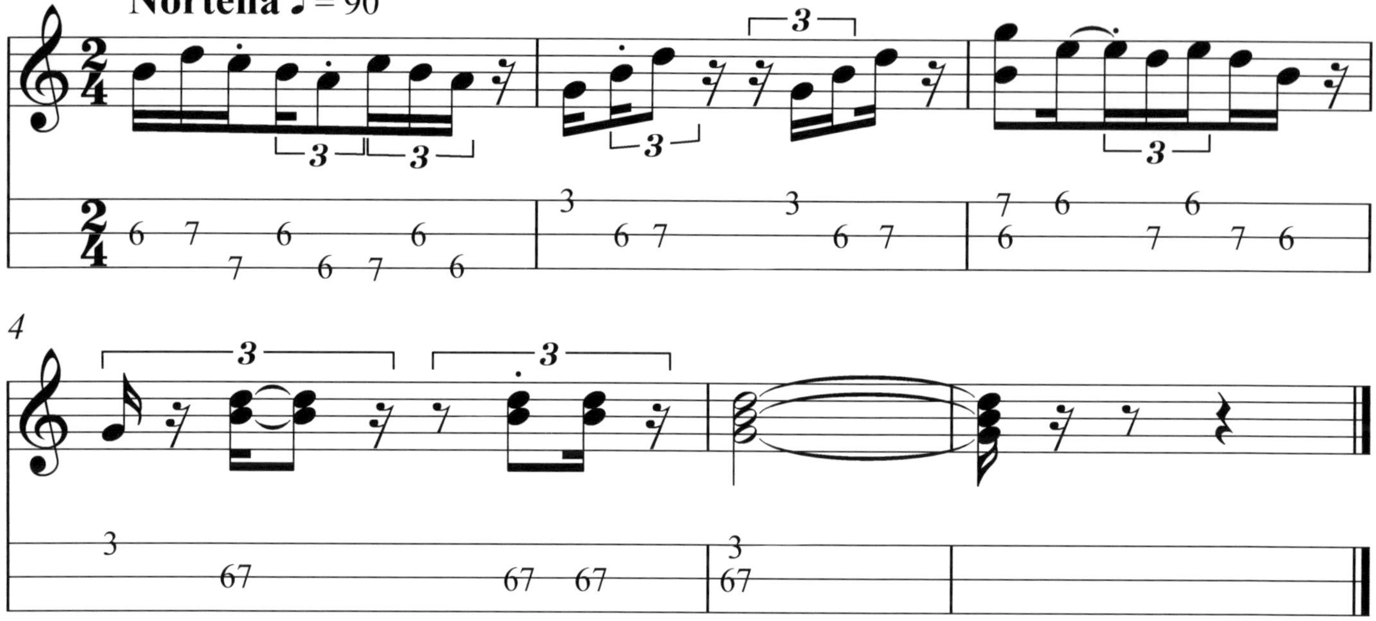

62 **Grupera** ♩ = 96

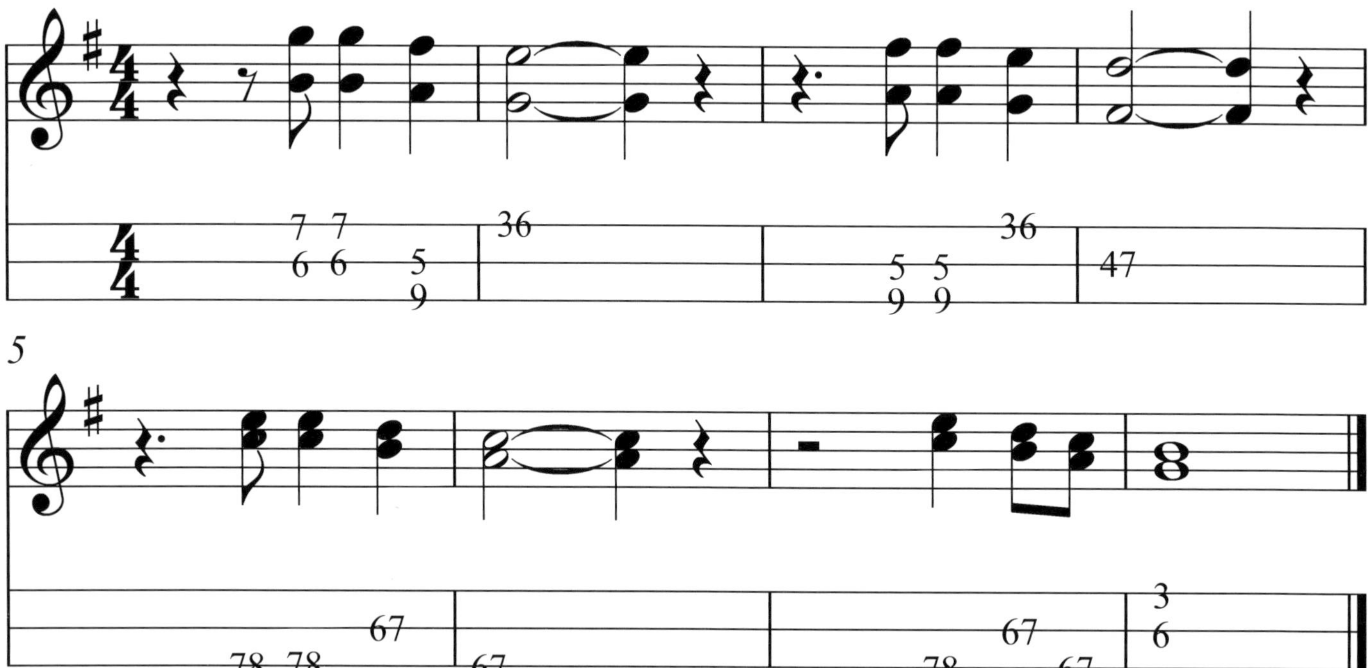

63 **Cumbia** ♩ = 80

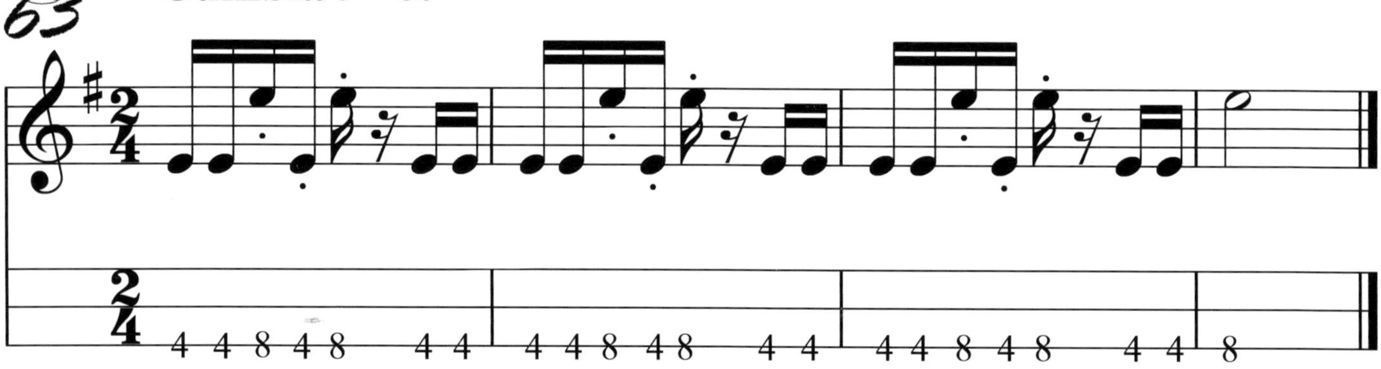

64

Norteña ♩ = 91

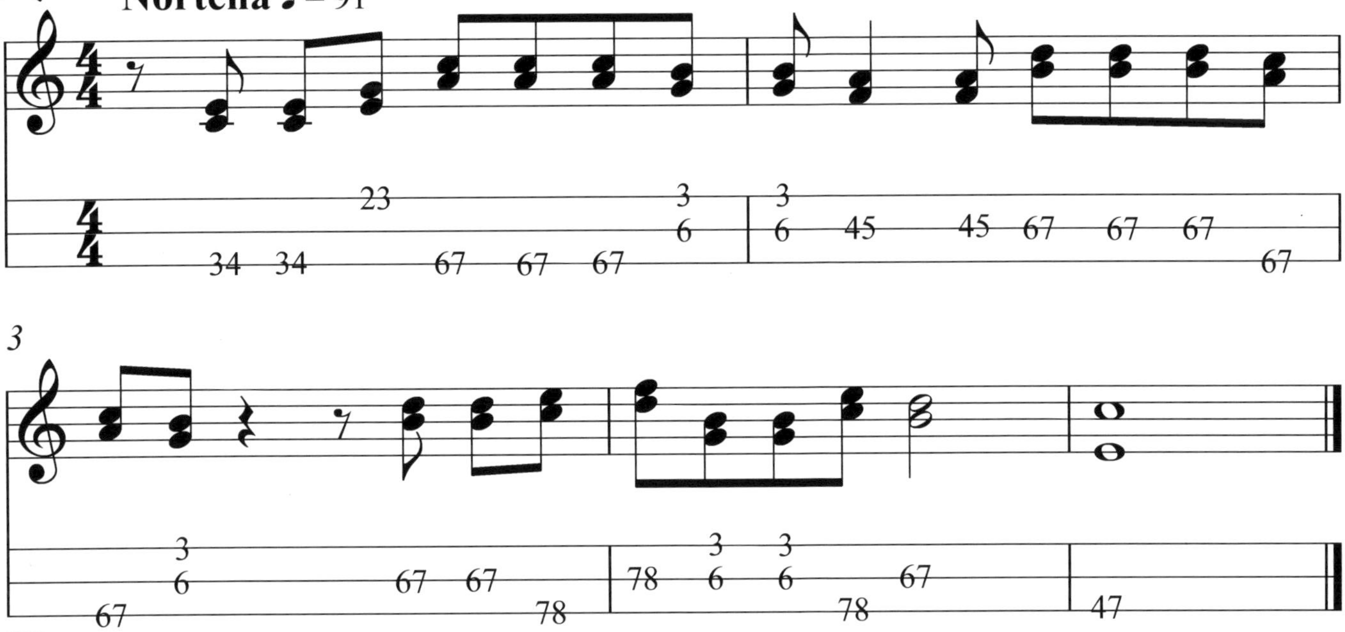

65

Norteña ♩ = 83

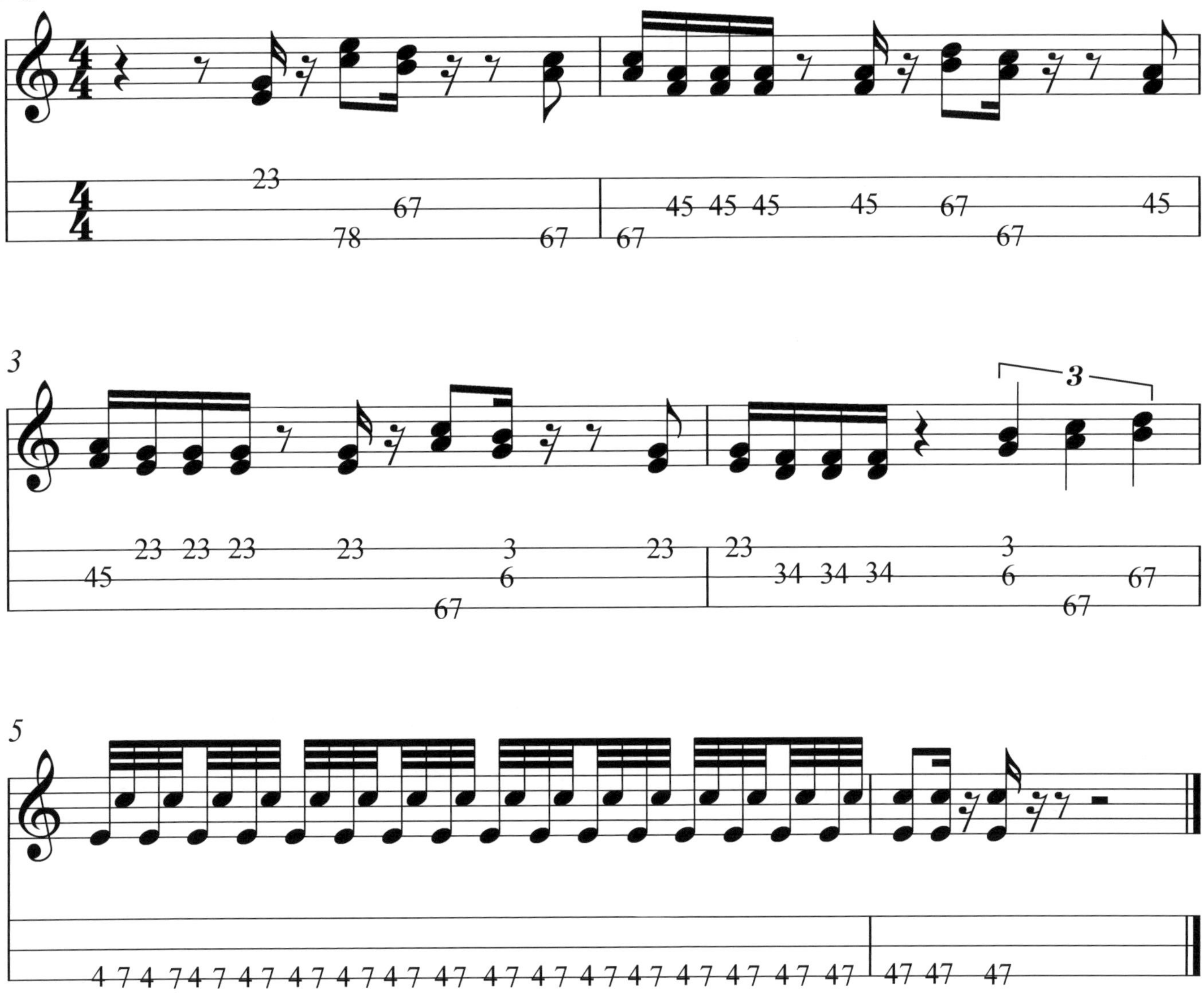

En medio de la canción.

A la mitad de la canción se usan los adornos para dar contraste a la hora de cantar. Normalmente los adornos se tocan en los huecos en donde no hay voz, o en los finales de la melodia principal, la mayor parte de éstos adornos son cortitos.

66

Norteña ♩ = 92

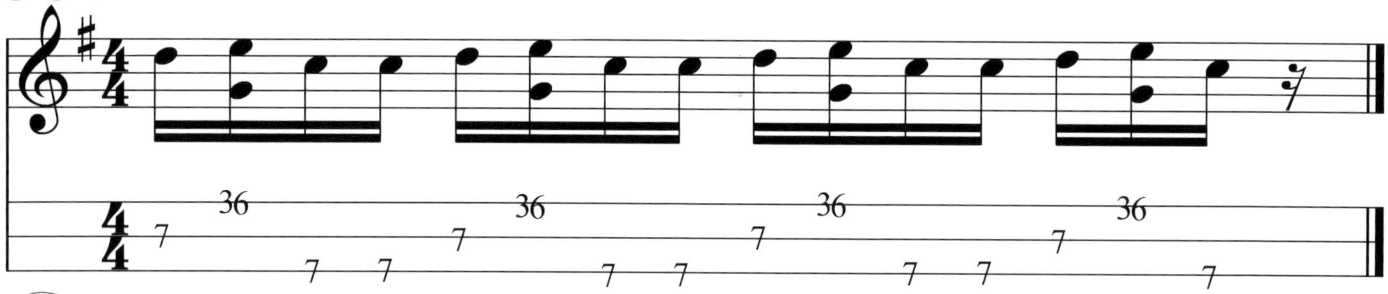

67

Norteña ♩ = 102

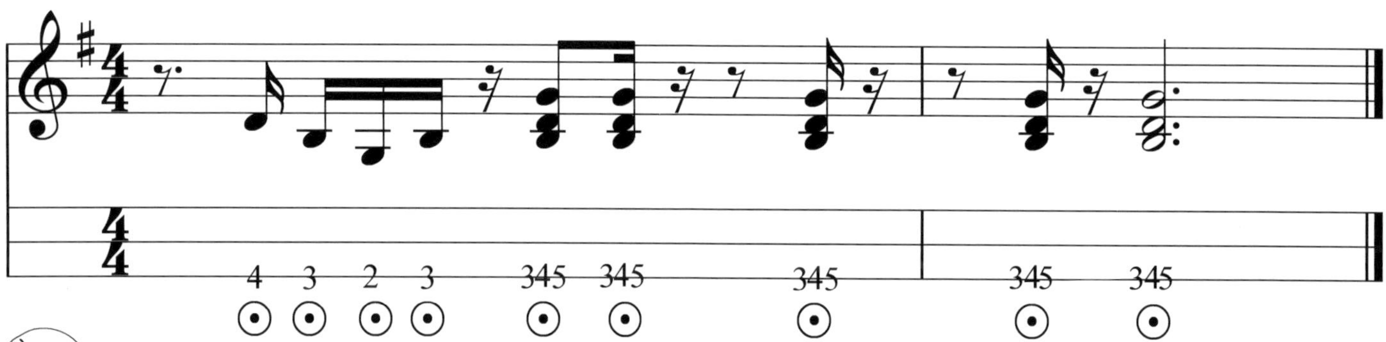

68

Norteñita ♩ = 100

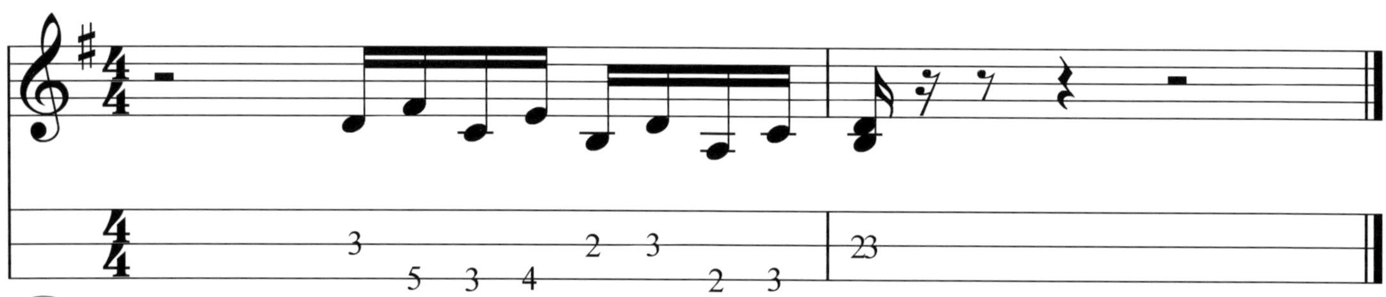

69

Ranchera ♩ = 152

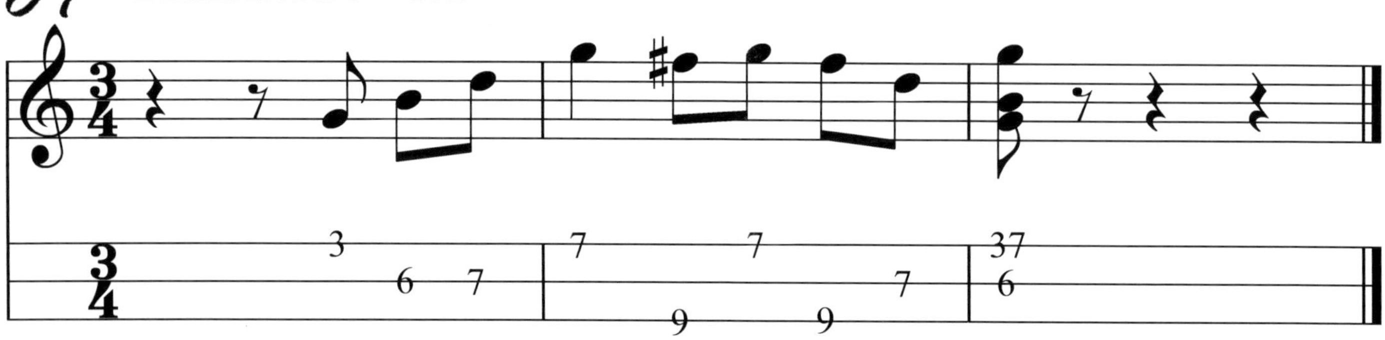

70

Norteñita ♩ = 132

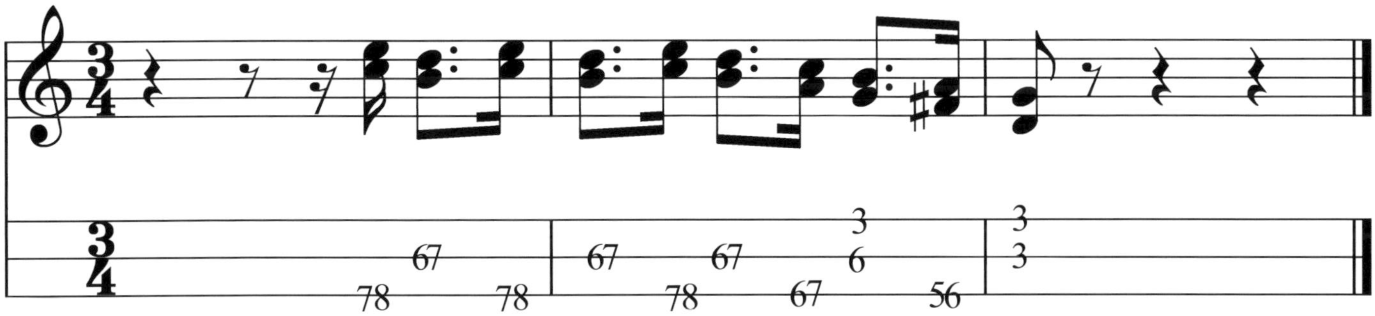

71

Norteña ♩ = 130

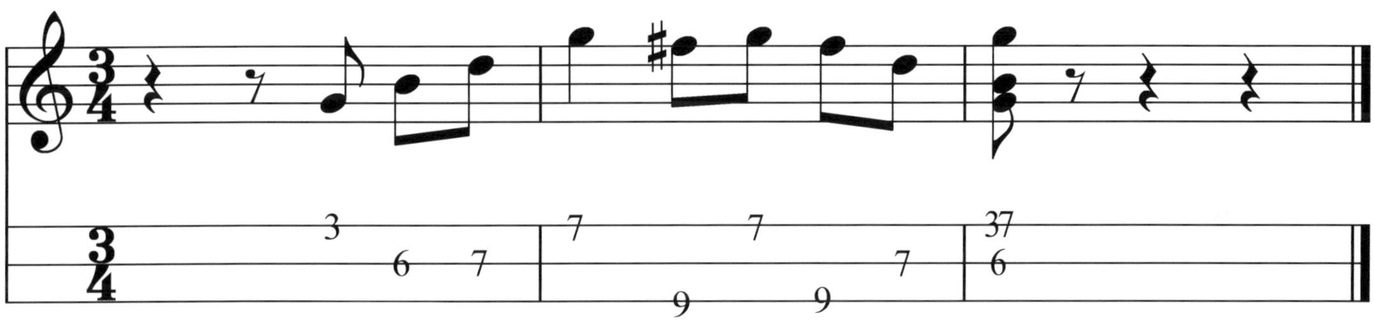

72

Grupera ♩ = 118

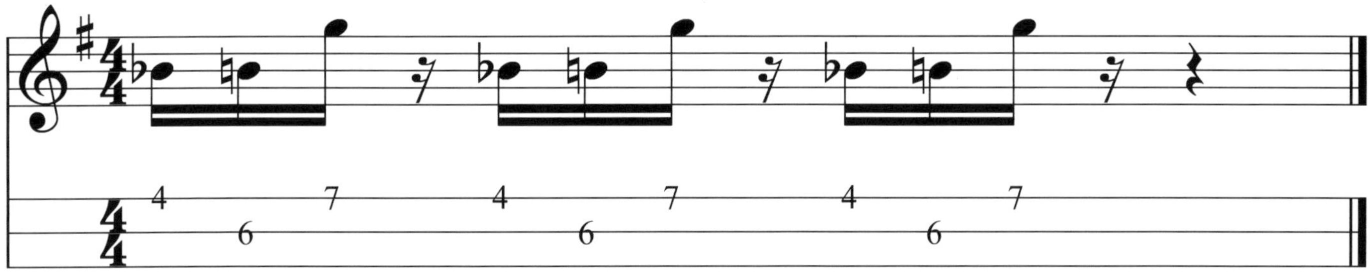

73

Grupera ♩ = 84

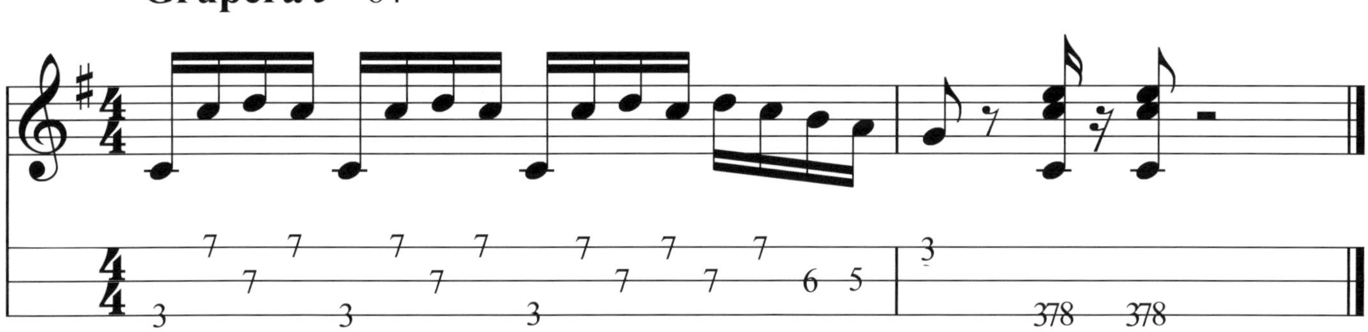

74

Cumbia ♩ = 128

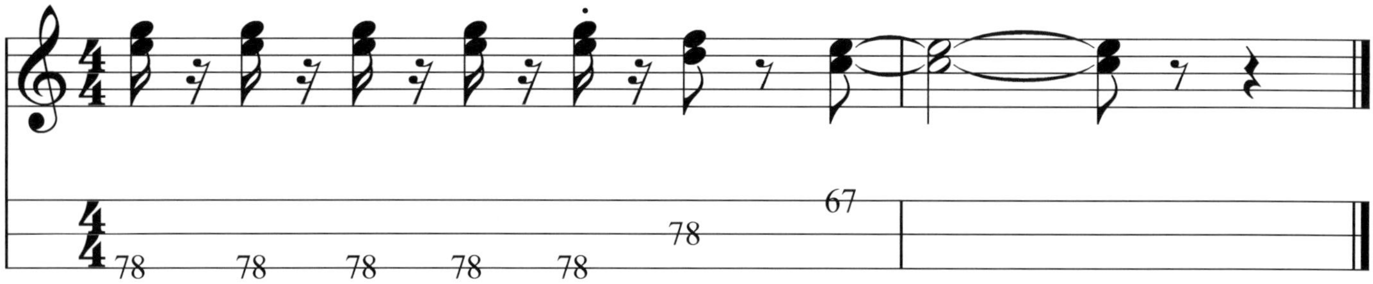

75

Cumbia Colombiana ♩ = 136

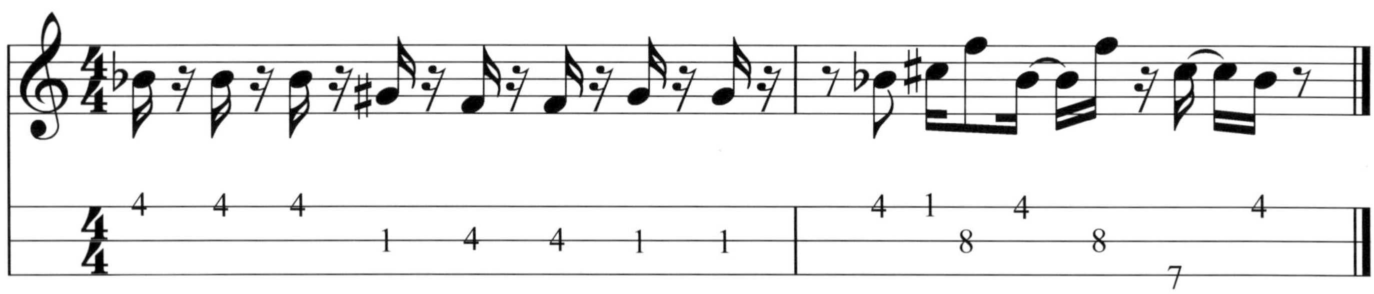

76

Merengue ♩ = 84

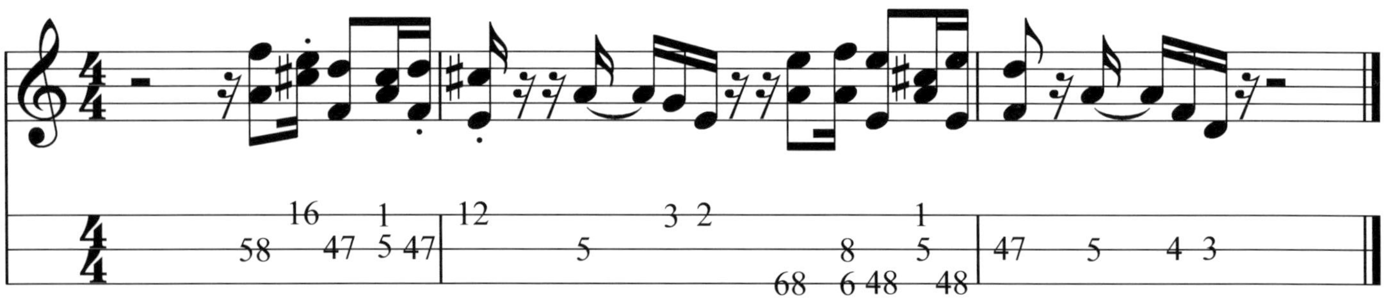

77

Cumbianchera ♩ = 89

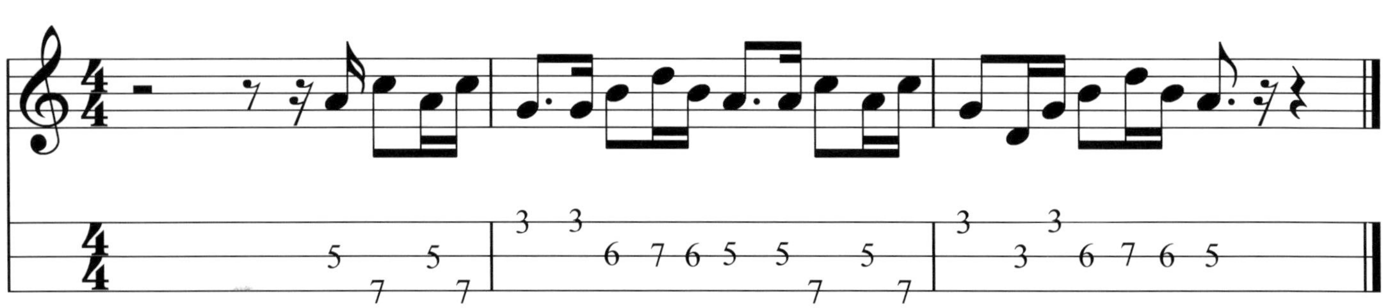

78

Norteñita ♩ = 136

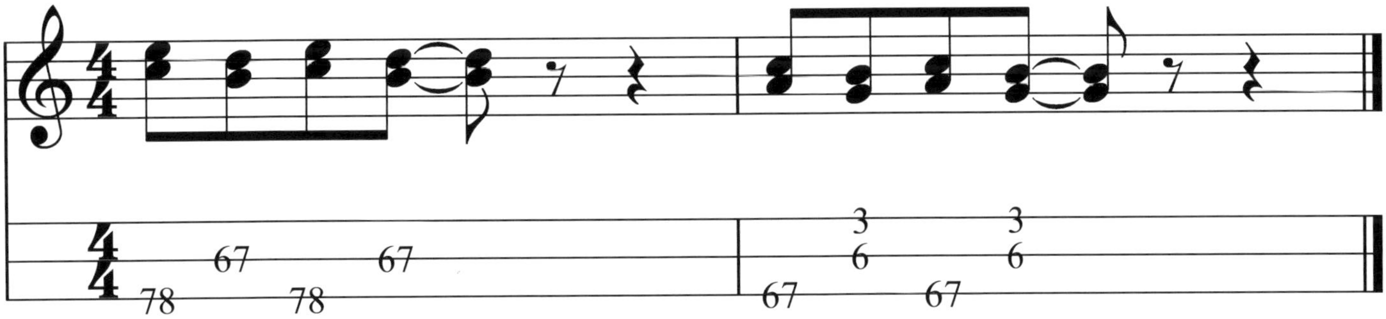

79

Cumbia ♩ = 86

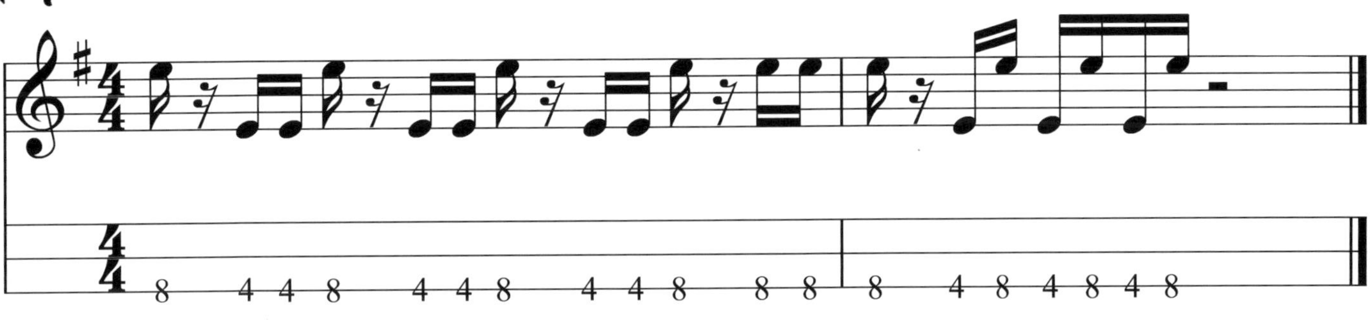

80

Corrido ♩ = 96

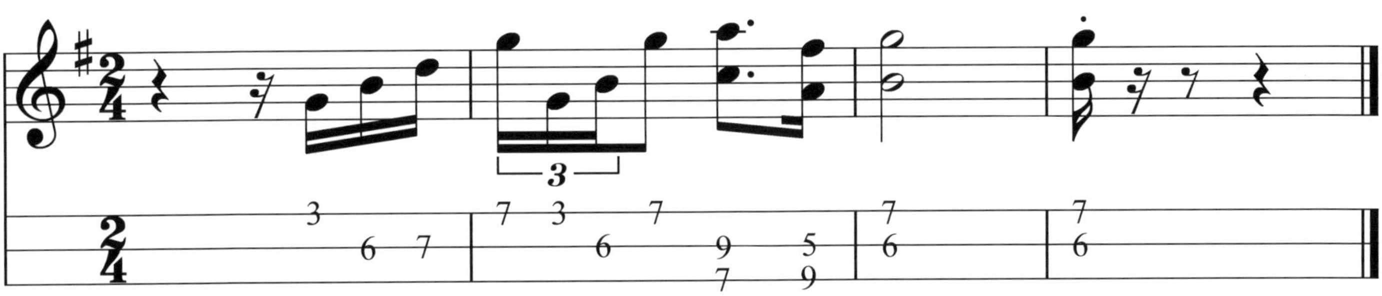

Acordeónes en varios tonos.

Durante todos éstos adornos de introducción, adornitos para la mitad de la canción y finales, ten presente las notas que se repiten y fíjate en los números de la tablatura de acordeón, por ejemplo el 67 en la línea de abajo es La-Do, el 34 en la línea de en medio es Re-Fa, y de esa manera vas a ir reconociendo las notas que se repiten muchas veces.

Éstos adornos y todas las canciónes del libro se pueden tocar en cualquier otro acordeón de otro tono. Los números de la tablatura son exactamente los mismos, lo que cambiaría seria el tono de la canción.

Con un poco más de estudio y con el tiempo vas a entender como se puede tocar con acordeónes en diferente tono.

Finales.

Algunos finales son tipicos y se usan en muchas canciónes muy parecidos, otros son sencillos y cortos. Aquí están solo algunos de ellos.

81 **Norteñita** ♩ = 180

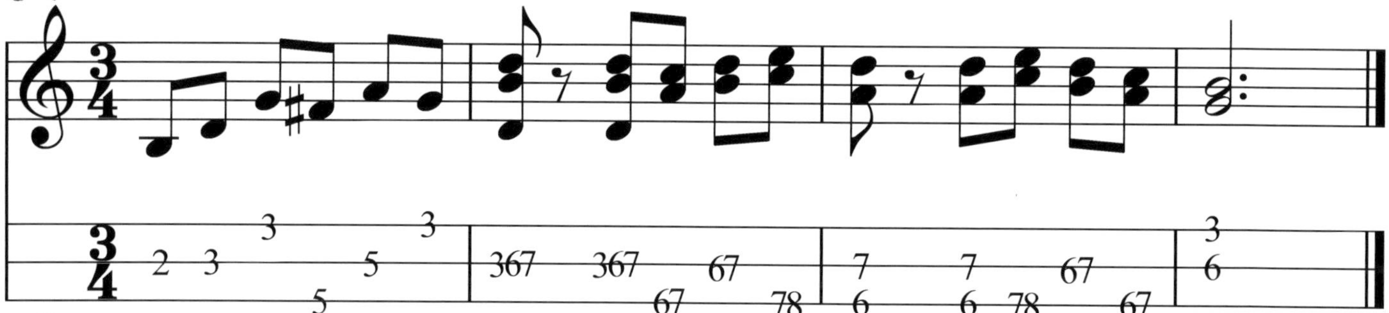

82 **Norteñita** ♩ = 105

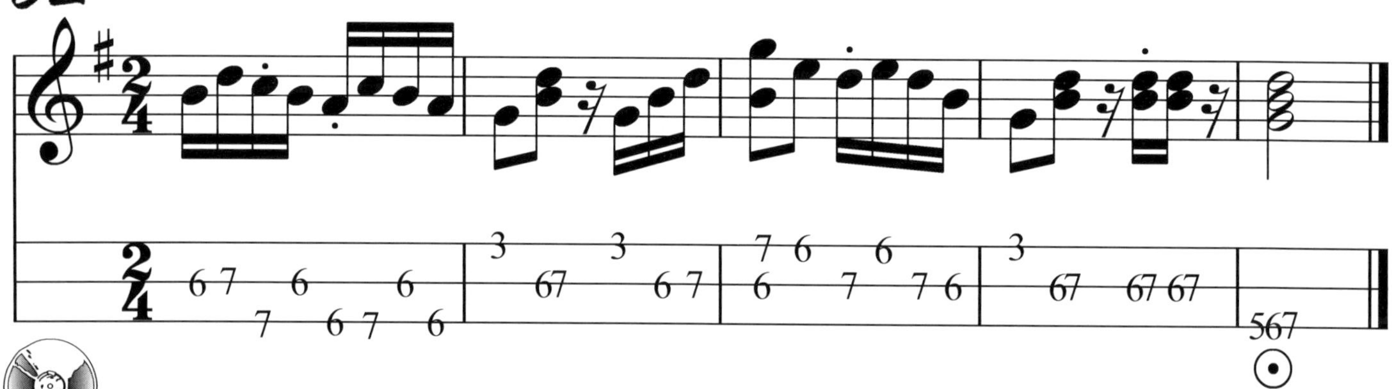

83 **Ranchera** ♩ = 120

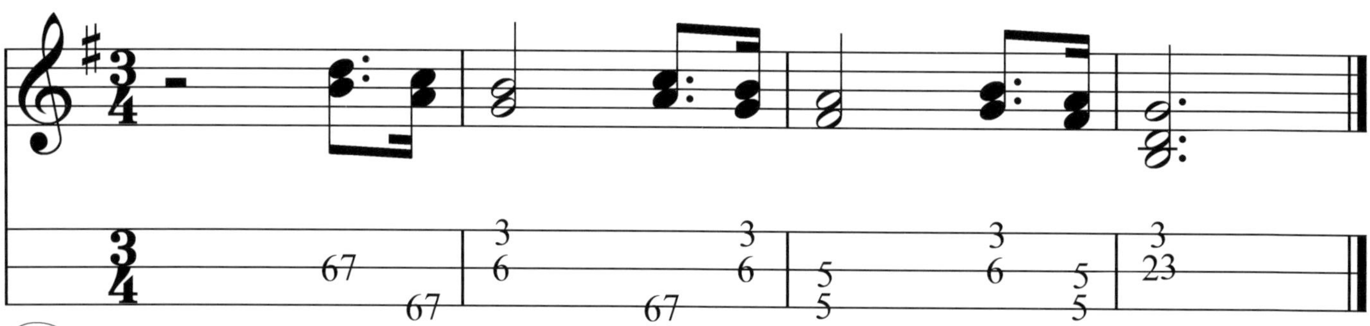

84 **Rancherita** ♩ = 128

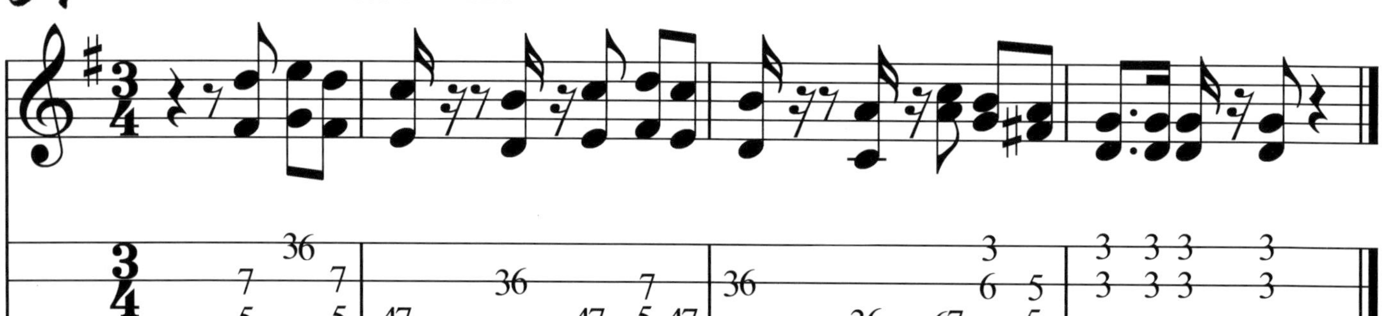

85 **Cumbia** ♩ = 91

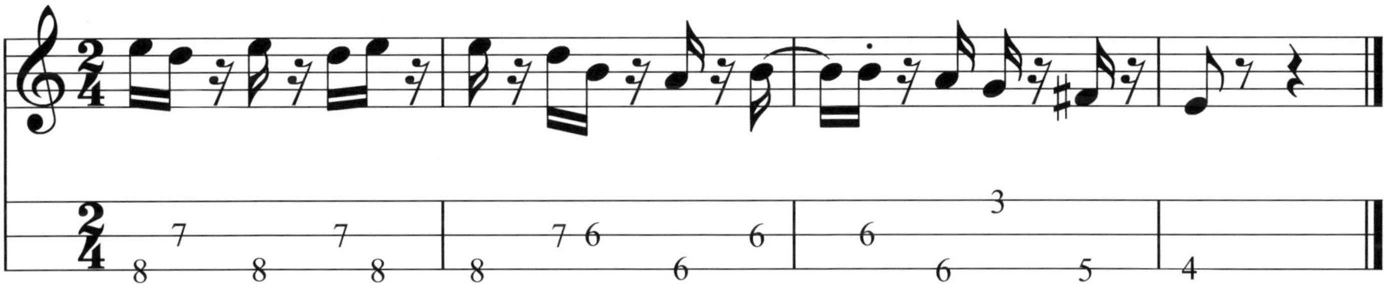

86 **Norteñita** ♩ = 154

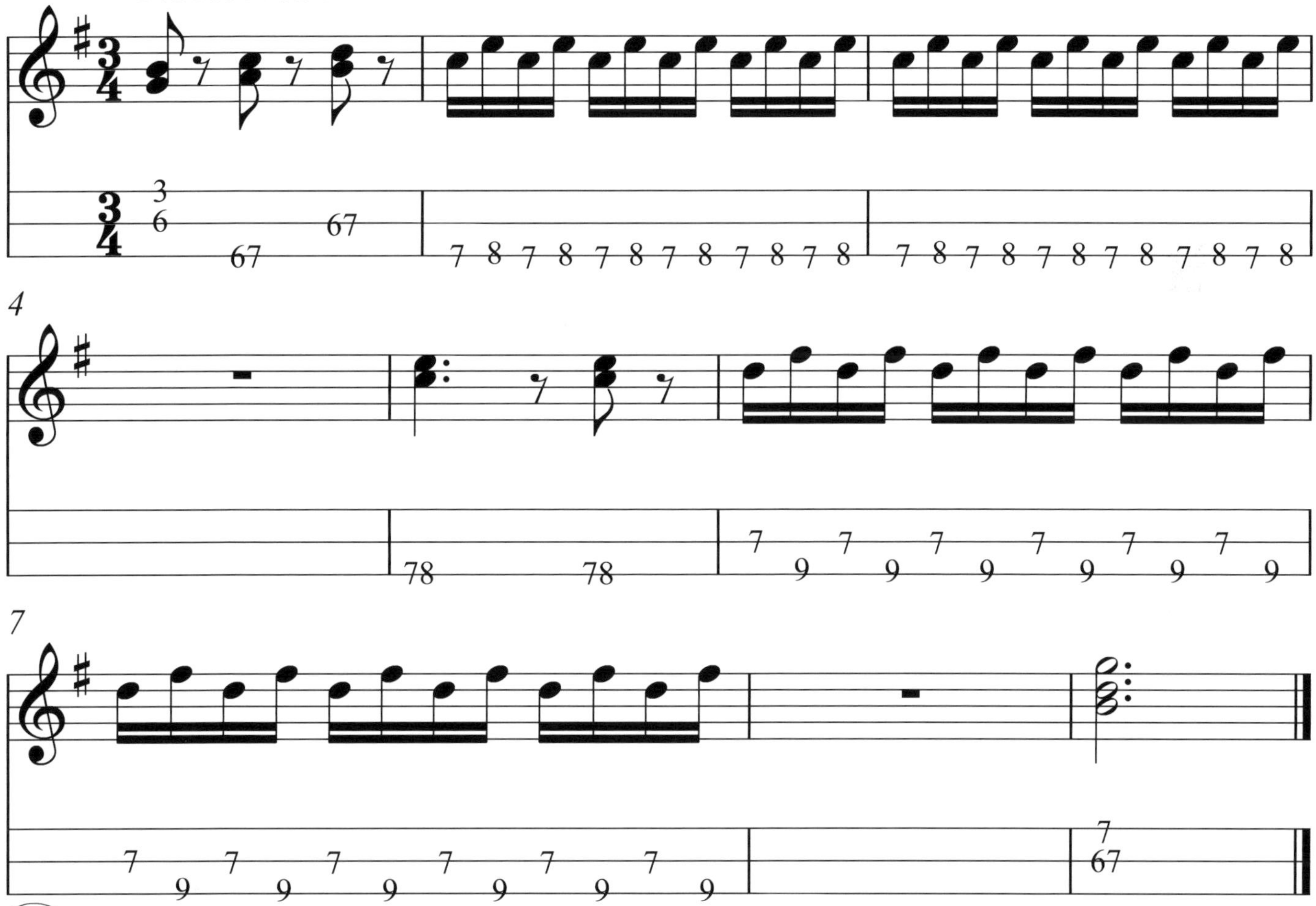

87 **Grupera** ♩ = 82

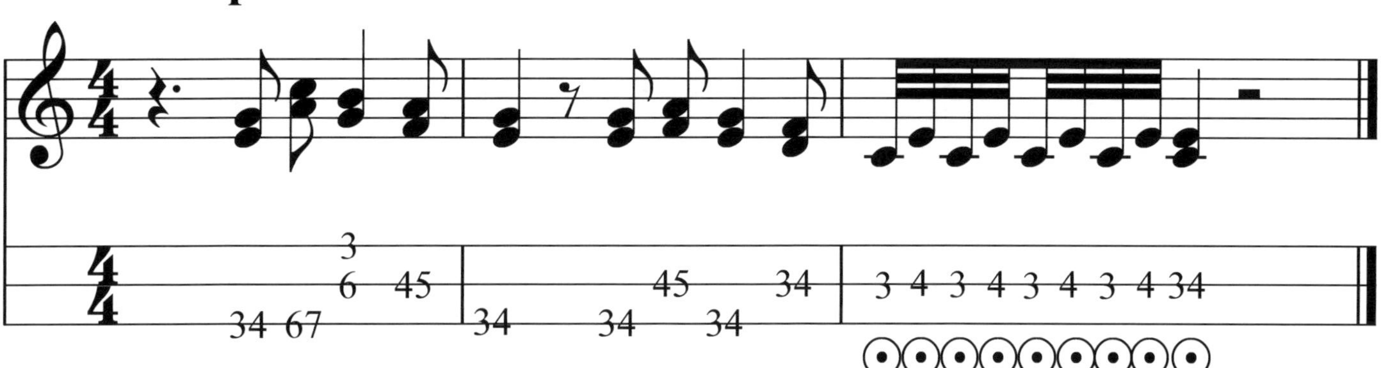

Easy Music School

Otorga el siguiente

Diploma

A

Por terminar exitosamente todo el libro de Acordeón nivel 1

EASY MUSIC©

Fecha *Firma*